워킹파더

워킹파더

초판 1쇄 발행 2009년 2월 5일

지은이 | 조창원
펴낸이 | 허재경
펴낸곳 | 위너스북

편집주간 | 김형석
기획이사 | 박종하
마케팅이사 | 안경찬

출판등록 | 2008년 5월 2일 제310-2008-20호
주   소 | 서울 마포구 합정동 370-9 벤처빌딩 207호
주문전화 | 02-325-8901
팩   스 | 02-325-8902

본문디자인 | 정현옥
표지디자인 | 고냥새

값 13,000원

ISBN 978-89-962098-1-2 03320

대한민국 아버지 경제학

워킹파더
Working Father

조창원 지음

Winner's Secret Library · 위너스북
WINNER'S BOOK

'글로벌, 대박, 재테크, 해외여행, 부자신드롬, 중산층' 등등. 이처럼 '장밋빛 인생'으로 그려지는 말들을 쏟아내던 게 엊그제 같은데, 상황은 그렇지 않다. 지난해 하반기부터 사람들과 대화할 때마다 하나 둘씩 등장하던 암울한 용어들, 즉 '폭락, 거품, 침체, 실직, 부도, 자살, 불화' 등이 2009년 초 대한민국의 모습이다. 지난해 말에 이어 올해도 기업들의 구조조정은 물론 주식과 부동산 시장의 침체는 지속될 전망이다. 문제는 이 같은 거시적인 장기 침체가 이 시대 보통사람들의 삶을 더욱 힘들게 만든다는 점이다. 위기는 기회라고 했던가. 과거 우리의 뒤틀리고 빗나간 사고 및 행동방식을 이번 기회에 대대적으로 구조조정하여 패러다임의 변화를 시도해야 할 것이다.

그런데 문득 머리를 '툭' 치고 지나가는 화두가 하나 있다. 바로 이 시대 아버지들의 '딜레마'다. 정치·경제·사회·문화 모든 분야에서 다수를 차지하는 '아버지'들은 그 자체가 시대의 모순과 고민의 코드를 고스란히 담고 있을 뿐 아니라, 이를 해결할 수 있는 행동 주체이기도 하다.

나는 이 시대 아버지들의 삶을 투영해 현재 상황의 문제점과 그에 대한 해답을 얻고 싶다는 생각으로 책을 쓰기 시작했다. 이 책에 새롭게 등장하는 개념인 '워킹파더'는 '고난의 아버지Hard Working Father'를 줄인 말이다. 워킹파더란 사회, 문화적으로 '낀 세대'이자 경제적으로 깡통 세대를 뜻한다. 부모님을 모시고 살면서도 자식에게는 봉양을 기대할 수 없는 불운한 이 세대는 노후자금 마련 및 막대한 교육비 부담까지 짊어져야 하는 고난의 연속을 맞고 있다. 또한 지난 외환위기 이후 다시 찾아온 메가톤급 경제위기를 맞아 열심히 모은 자산을 단기간에 잃어버린 깡통 세대가 되었다. 삶의 의욕을 잃고 정신적 외상까지 입고 있는 것이다.

물론 예전부터 아버지를 다룬 책들은 많았다. 그러나 대부분 감성적으로 접근한다든가 일부 국한된 부분만을 부각한 데 그쳤다. 이는 아픔에 대한 근본적인 치유보다는 순간적인 위안에 그칠 뿐이다. 나는 고단한 아버지들의 현 주소(서민층 급증, 자영업자의 비애, 중산층 붕괴, 자살자 급증, 날아가버린 자산 등)와 수십 건의 현장 사례를 비롯해 앞으로 위기를 극복하기 위한 대안(권위 대신 존경의 아버지가 되자, 자기계발을 서두르자, 소프트파워를 키워라, 재테크 패러다임을 바꿔라 등)을 제시했다. 많이 부족한 게 사실이지만 우리 사회의 모든 계층과 성별에 해당하는 주제를 듬뿍 담고 싶은 욕심을 부려보았다. 그렇다고 여성들이 우려할 만큼 남성우월주의를 드러낸 건 절대 아니다.

지금은 남성으로서의 아버지들이 치열한 자기성찰과 변신을 끌어내야 할 시점이다. 졸저이지만 어려운 시기를 맞아 절망에 빠진 사람들에게 힘과 용기를 불어넣어 줄 수 있는 책으로 남기 바랄 뿐이다.

2009년 2월

조 창 원

저자의 말 005

오늘도 고단한 워킹파더들에게! ·012·
- 김주현 | 현대경제연구원장
- 김기범 | 메리츠증권 사장
- 김인식 | WBC 국가대표팀 · 한화이글스 감독
- 전재호 | 〈파이낸셜뉴스〉 사장
- 윤은기 | 사울과학종합대학원 총장
- 박갑정 | 코리아일렉트로룩스 사장
- 임 석 | 솔로몬금융그룹 회장
- 김광선 | 88올림픽 글메달리스트, KBS 권투 해설위원
- 안경률 | 국회의원
- 박종하 | 《생각이 나를 바꾼다》, 《나는 옳다》의 저자

Intro
아들, 남편, 아버지, 직장인 '1인 4역'의 세대 ·020·
'10인의 가장이 들려주는 아버지의 현실'

·CHAPTER 1
너희가 워킹파더를 아느냐?
1 워킹파더 세대의 탄생 ·036·
2 긴 세대의 딜레마 ·041·

3 워킹파더를 인큐베이팅한 경제위기 · 045 ·
4 IMF 학번의 비애 · 049 ·
5 한 편의 CF와 워킹파더들의 분노 · 052 ·
6 집으로 출근하는 워킹파더들 · 056 ·
7 전반전보다 긴 인생 후반전 · 060 ·
8 〈조강지처클럽〉에 나타난 워킹파더 · 065 ·

워킹파더와 경제이야기

1 살아남은 자의 슬픔 · 072 ·
2 구직 잔혹사 시대 · 076 ·
3 집집마다 반 토막 경제 · 080 ·
4 요리에 '요' 자도 모르는데 웬 창업? · 085 ·
5 중산층은 장밋빛 꿈 · 092 ·
6 상류층도 피하지 못한 위기의 덫 · 097 ·
7 워킹파더에게 필요한 건 희망 메시지 · 100 ·

워킹파더와 사회·문화이야기

1 50원, 100원의 자존심 · 108 ·

2 절망과 희망 사이의 웅크린 영웅 •114•

3 자살 신드롬 •119•

4 벙어리가 된 워킹파더들 •125•

5 아버지 종말시대 •130•

6 기러기아빠들의 현 주소 •134•

7 워킹파더가 보는 워킹맘 •139•

• CHAPTER 4

워킹파더, 비상구를 찾아라

1 권위를 버리고 존경을 추구하라 •148•

2 봉사는 존경으로 가는 지름길이다 •152•

3 경청하고, 안아주어라 •157•

4 서번트 리더십으로 아버지를 되찾아라 •162•

5 변화에 능동적으로 대처하라 •168•

6 M&A에서 관계를 배워라 •174•

7 화학적 시너지를 추구하라 •178•

8 나를 관리하고 네트워크를 다져라 •182•

9 아침형 인간은 아직 유효하다 •189•

10 책임에 대한 포트폴리오를 짜라 •194•

11 최선은 두 번째 인생의 보증수표다 •198•

12 기러기아빠여 이기적으로 살아라 •203•

• C H A P T E R 5

워킹파더를 위한 경제학

1	지금은 리스크관리가 필요하다	•210•
2	부자 쏠림 현상을 극복하라	•214•
3	돈 마인드 송두리째 바꿔라	•217•
4	신용을 무시하지 마라	•221•
5	재테크 열풍에 흔들리지 마라	•226•
6	신 재테크 6계명	•231•
7	투자자와 투기꾼의 차이를 알라	•235•
8	2,668만 원의 경제학	•240•
9	열린 마인드가 자영업 성패의 열쇠다	•244•

• C H A P T E R 6

이상적인 아버지 되기

1	브라보 마이라이프	•250•
2	부자에게 배우는 특별한 아버지상	•255•
3	성공과 행복을 위한 시간관리	•258•
4	내 아버지는 인생의 지침서	•262•
5	워런 버핏의 경제교육	•265•
6	21세기형 아빠, 프렌디	•269•

오늘도 고단한 워킹파더들에게!

'워킹파더'란 'Hard-Working Father'를 줄인 것으로, 우리말로 '고난의 아버지'를 의미한다.

김주현 · 현대경제연구원장 ·

"아버지는 가정의 CEO다. 한 회사의 가치에서 CEO가 차지하는 비중을 사람들은 50%까지도 잡는다. CEO가 바뀌었다는 이유만으로도 어떤 회사의 주가는 50%까지 오르기도, 내리기도 하는 모습을 종종 본다. 규모가 작은 회사에서는 그 비중이 더 커진다. 작은 벤처에 투자하는 사람들은 그 회사를 이끄는 리더의 능력과 자질을 보고 투자하는 일이 많다. 가정에서의 아버지는 회사 CEO 이상의 종합적인 역할을 한다. 그래서 '아버지가 살아야 가정이 산다'고 말하는 것이다. 내가 흔들리거나 약해지고 부도덕해진다면, 그 가장 큰 피해가 바로 나의 가족에게 돌아간다는 사실을 아버지들은 잊지 말아야 한다. 행복한 사회는 흔들림 없고 건강한 아버지의 영향으로 만들어지며, 그런 가정이 하나 둘 모여 더욱 바람직한 사회로 흘러가는 것이다. 바로 이런 이유에서 아버지의 모습이 바로 우리 사회의 모습이라는 사실을 가장들은 잊지 말아야 한다."

김기범 · 메리츠증권 사장 ·

"2009년 새해가 밝았지만, 예상되는 각종 경제지표와 전망은 온통 적신호다. 어디를 둘러보아도 '희망' 두 글자를 찾아보기가 쉽지 않은 요즘이다. 나 역시 현재 하고 있는 일의 특성상 남들과 같은 전망을 할 수밖에 없다는 점이 안타깝다. 그러나 아무리 경제가 힘들고 어렵더라도 우리는 희망을 이야기하고 지친 서로의 어깨를 다독여주어야 한다. 특히 지금 이 시간 누구보다 힘들어할 아버지들에게 그런 위로가 필요하다. 아버지들에게 전하는 삶의 응원가는 사실 별게 아니다. 누군가의 애틋한 관심과 격려가 그들의

Working Father

어깨 위에 놓인 무거움을 덜어주는 역할을 할 것임을 잘 알기에, 나는 지금 이 시간에도 가장이라는 이름으로 살아가는 나와 같은 중년 남자들, 고난의 워킹파더들에게 '파이팅'을 주문하고 싶다. 공감이 곧 최고의 위로일 것이다. 속내를 모두 털어놓을 수는 없으나 공감할 수 있는 서로의 아픔에 대해 위로하며 그 안에서 희망을 찾아보자."

김인식 · WBC 국가대표팀 · 한화이글스 감독 ·

"야구감독으로서 선수들을 지도하다 보면 나는 어느새 그들의 아버지가 되어 있다는 느낌이 들곤 한다. 선수들이 원하는 목표를 향해 최선의 노력을 다할 수 있도록 곁에서 도와야 하고, 실제로 경기장에 나서서는 그들이 평소에 흘린 땀방울이 좋은 결과로 맺어질 수 있도록 지도해야 한다. 때로는 슬럼프에 빠진 선수에게 위기를 극복할 수 있도록 따뜻한 격려를 아끼지 말아야 하며, 그 선수에게 잠재되어 있는 능력이 최대한 발휘될 수 있도록 힘도 실어줘야 한다. 승부를 떠나 그렇게 해야만 야구가 즐겁다. 이상에서 말한 감독의 역할은 가정에서의 아버지와 닮은 구석이 많다고 생각한다. 꼭 가족으로서의 아버지가 아니어도, 내가 감독으로 아버지 역할을 하는 것처럼, 누구나 자신이 맡은 일에서 주도적으로 리더십을 발휘해야 좋은 성과가 나온다. 2009년에도 좋은 야구를 선보임으로써 고단한 아버지들에게 힘이 되고 싶다."

전재호 · 〈파이낸셜뉴스〉 사장 ·

"최근처럼 경제 · 정치 · 사회가 혼란스러울수록 언론의 책임과 역할은 더더

욱 막중하다. 각종 사회 현상을 짚어내면서 여론을 전달하고 올바른 문화를
주도, 형성하는 신문의 영향력은 날이 갈수록 커지고 있다. 이 같은 신문사
의 사장을 맡고 있는 내가 느끼는 책임감은 항상 나의 어깨를 짓누르며 마음
을 무겁게 만든다. 나는 이런 중압감이 바로 가족들에게서 느끼는 '아버지의
마음' 이라는 생각이 든다. 모범적이고 바람직한 가정은 아버지의 영향력으
로 만들어진다. 아버지인 나의 말 한마디, 행동 하나하나가 가정에 많은 영
향을 준다는 사실을 아버지들이 인식하고 있어야 한다고 생각한다. 아버지
인 내가 밝고 긍정적인 시각으로 세상을 바라볼 때에 비로소 나의 가족 역시
밝고 긍정적으로 세상을 보게 되는 것이다. 잘못된 것이 있다면 이를 바로
잡을 줄 아는 실천과 용기도 필요하다. 아버지로 살아간다는 것이, 특히 우
리 사회에서는 쉬운 일은 아니다."

윤은기 · 서울과학종합대학원 총장 ·

"많은 아버지들이 자신의 자녀들에게 더 좋은 교육을 시키고 더 많은 유산을
남겨주려고 오늘도 아침부터 밤늦게까지 일한다. 하지만 결과는 어떤가. 실
상 자녀와 보내는 시간이 줄어 그들이 어떤 생각으로 살고 어떤 생활을 하는
지 잘 알지 못한다. 쉽게 큰돈을 벌어오는 것도 아니다. 그렇다면 이 같은 모
습이 정말 아들과 딸에게 보여주고 싶은 아버지상일까? 혹자는 '어쩔 수 없
어서', '상황이 그래서' 라고 말하지만, 이 모든 상황과 결과는 아버지인 내
가 만들어놓은 것들이다. 아이들과 동화되어 즐거운 생활을 보내는 아버지
모습이 아닌, 가족과 별개의 인생을 설정하고 그 목표를 이루기 위해 살아가
는 무책임한 아버지 모습이 어쩌면 이 시대 아버지들의 모습이다. 내가 원하
는 아버지의 모습을 지금 바로잡지 않는다면 영원히 그와 같은 희망은 요원

Working Father

한 일이 될 것이 분명하다. 지금 이 시간부터, 당신이 진정으로 원하는 아버지의 참 모습을 찾아보자."

박갑정 · 일렉트로룩스코리아 사장 ·

"요즘 세대의 아버지를 두고 사람들은 '부모를 공양하는 마지막 세대이자, 자식에게 버림받는 첫 세대가 될 것'이라고 말하곤 한다. 위로 열심히 모시고, 아래로 열심히 쏟아 부어 몸과 마음이 고달프지만 당연히 그렇게 사는 게 옳다고 생각한다. 맞긴 한데, 한편으로 생각하면 마음 찡하다. 이들은 고민도 많고 생각도 많다. 과거와 달리 날로 치열해지는 환경에 적응하며 살아가는 일, 잠시라도 늦출 수 없는 자기계발, 제대로 된 자녀교육, 길어진 노후에 대한 대책 등등. 이루 헤아릴 수 없는 난제가 아버지들 앞에 놓여 있다. 하루하루가 쉽게 풀리지 않는 고민과의 싸움이다. 그렇다고 누군가에게 내색하기도 좀 그렇다. 더구나 경제마저 어렵다고들 하니 그 속은 얼마나 쓰릴까. 하지만 어려운 문제들을 풀어야 할 사람은 아버지 자신이다. 버겁고 힘든 일이겠으나, 이럴수록 아버지 역할에 대해 깊은 고민과 성찰이 필요할 것이다."

임석 · 솔로몬금융그룹 회장 ·

"요즈음 부쩍 화두로 떠오르는 단어가 있다. 다름 아닌 '아버지'다. 나는 이 말을 들을 때마다 마음이 울컥한다. 지금처럼 경기가 불황일수록 아버지라는 존재, 그들 어깨 위에 놓인 짐을 다시 생각해 본다. 이 시대의 아버지들이 마음속으로 느끼는 외로움과 아픔은 생각보다 큰 것 같다. 과거 나의 아버지가 그랬고, 지금의 나도 그렇다. 또 훗날 아버지가 될 사람들도 그러할 것이다. 그런데 유난히 2009년 오늘, 대한민국에서 아버지로서 또 가장으로서 살아가는 남자들에게 더욱 마음이 가는 이유는 뭘까? 아마도 시절이 힘들기 때문일 것이다. 혹시 많은 사람들이 가던 길을 멈추고서 주저앉지는 않을까, 꿈을 저버리지는 않을까 걱정도 된다. 그러나 아직 할 일이 많다. 못 이룬 꿈도 이루어야 하고 궁극적으로는 삶이 행복해야 한다. 너무나 진부한 이야기일 테지만 아버지들이여 힘들더라도 용기를 잃지 말기 바란다. 그것만이 정답일 것이다."

김광선 · 88올림픽 금메달리스트, KBS 권투 해설위원 ·

"과거 10여 년 전, 우리를 아주 힘들게 했던 IMF 외환위기 때보다 지금의 경기 상황이 더욱 안 좋다고들 말한다. 신문과 언론보도 등을 통해 부도난 중소기업 사장님들의 안타까운 상황이나 직장 잃은 가장들의 속 타는 사연들을 볼 때마다 마음이 무거워진다. 누구에게나 힘든 시기가 있게 마련이다. 나 역시 지난 1984년 LA올림픽 때, 금메달 도전에 실패한 후 크게 좌절해서 몇 번이나 권투를 포기하려 했던 시기가 있었다. 마음을 다잡는 일이 결코 쉽지 않았지만 가족들의 격려와 성원에 힘입어 다시 금메달에 도전했고, 대한민국 서울에서 그 숙원을 이루게 되었다. 곰곰이 지난 세월 나 자신의 경험을 되돌아보면 힘든 시간을 극복하는 데에 가족만큼 큰 힘이 되는 것도 없었던 것 같다. 가족의 소중함을 잊은 채 살아가는 날들이 늘어만 간다면 모든 일이 헛될 것이다. 따라서 지금 힘든 일에 직면해 있는 아버지에게는 가족의 응원이 필요하다고 생각한다."

Working Father

안경률 · 국회의원 ·

"아버지란 이름은 무겁다. 사람들은 아버지들에게 많은 짐을 지운다. 능력 있고 잘 나가는 남편, 다정하며 친구 같은 아버지 등등…. 그뿐만이 아니다. 직장에서는 남보다 뛰어난 능력을 가진 사람을 요구한다. 아버지들은 가족과 사회에서 요구하는 것들을 충족시키기 위해 오늘도 지칠 줄 모르고 뛴다. 자신이 가지고 있는 능력 이상을 발휘해 보고자 애쓴다. 또한 가족들이 원하는 것처럼 그들과 좋은 한때를 보내려고도 한다. 하지만 특별한 능력이 있는 것도 아니고 일에 쫓겨 살다 보니 가족들과 보낼 시간을 충분히 확보하지 못하는 자신을 보며 아버지들은 깊은 한숨과 남모를 눈물을 흘린다. 아마 앞선 아버지들의 삶도 그러셨을 거다. 그렇더라도 아버지라면 이런 상황을 슬퍼하거나 노여워하지 말아야겠다. 아버지들이여! 우리에게 주어진 이 모든 상황을 즐기자. 능력을 발휘하기가 어렵고 가족과 단란한 시간을 보내기가 현실적으로 어렵다지만, 결과를 생각하기보다는 더 좋은 결과를 만들어가기 위해 애쓰는 자신의 모습을 사랑하고 즐기자. 그런 모습 안에 진정 좋은 아버지의 모습이 담길 것이다."

박종하 · 《생각이 나를 바꾼다》, 《나는 옳다》의 저자 ·

"아버지들은 때때로 힘들고 지쳐서 누군가에게 기대어 울고 싶을 때가 있다. 어린아이처럼 어리광을 부리며 투정 부리고 싶을 때가 있다. 그러나 아버지라는 이름 때문에 그런 약한 모습이나 유치함을 부릴 수 없는 것이 현실이다. 특히 지금과 같은 경제위기에서는 아버지들이 나약한 모습, 지친 표정을 겉으로 드러낼 수 없다. 오히려 아무렇지 않은 듯 말하고 행동하지

만 사실 그들의 마음은 무척 외롭고 발걸음은 무거울 것이다. 가만히 생각
해 보면 이런 때야말로 가장들에게 큰 위로가 필요한 시점이다. 누군가 이
들에게 용기와 힘을 북돋워주어야 한다는 말이다. 아버지들을 향한 가족들
의 애정 어린 배려와 더불어 사회적으로는 그들을 응원하는 메시지가 필요
하다. 많은 아버지들이 짊어지고 있는 무거움을 함께 나누려는 관심은 아
무리 강조해도 지나치지 않다. 십시일반이란 말처럼 힘들수록 그 고통을
함께 나누는 지혜가 우리에게 필요한 게 아닐까 싶다. 대한민국 아버지들
이여 여러모로 힘들겠지만 '화이팅!'을 잊지 말자."

아들, 남편, 아버지, 직장인 '1인 4역'의 세대

- '10인의 아버지가 들려주는 가장들의 현실' -

박과장은 평소 업무상 술자리가 잦았다. 그날도 어김없이 거래처 사람들과 함께 술잔을 기울이고 있었다. 그런데 우연히 술자리에서 대학 때 한창 어울려 지내던 친구와 마주쳤다. 수수하던 학생 때와는 달리 친구의 모습은 무척 세련되어 보였다. 아니나 다를까. 친구 명함을 받아 찬찬히 살펴보니 모 금융권의 자산관리사로 일하고 있었다. 외모만 세련된 게 아니라, 그가 말하는 어조 역시 확신에 넘쳤고 자신감 또한 가득했다. 두 사람은 서로의 안부를 묻다가 자연스레 현재 자신들이 하고 있는 일들에 관한 이야기까지 털어놓게 되었다. 그런데 친구가 박과장에게 돈 벌 수 있는 방법을 알려주겠다며 펀드 가입을 권유했다. 당시 주식시장은 2,000포인트를 육박하던 상황이었다. 친구는 "2009년 말경이면 3,000포인트까지 갈 거다. 만약 그렇지 않으면 내 손에 장을 지지겠노라"고 장담하며 펀드 가입서를 꺼내 박과장에게 들이밀었다. 그렇잖아도 박과장은 주변에서 주식이나 펀드를 통해 짭짤한 수익을 거두었다는 이야기를 듣고 있던 터라, 기회가 생기면 자신도 꼭 한번 해봐야겠다는 뜻을 갖고 있었다.

친구의 장담도 그렇거니와, 당시의 주식시장이 워낙 좋았기 때문에 아내를 설득하는 데에는 오랜 시간이 걸리지 않았다. 마침내 박과장은 결혼 후 계속 부어온 적금을 깨기에 이르렀고, 이 돈을 여윳돈과 함께 몽땅 펀드에 털어넣었다. 그러나 결과는 완전 쪽박이었다. 펀드에 가입한 지 불과 3~4개월 만에 60% 이상의 손실이 발생한 것이다. 집을 마련하기 위해 모아두었던 돈이 순식간에 반 토박이 났다. 주식시장 불황을 친구의 능력 부재로 돌릴 수도 없어 속이 탔다. 왠지 스스로 한심한 사람이 된 것 같은 자책감이 들고, 아내의 얼굴 보기도 면목이 없다. 그는 요즘 업무상 마시는 술보다 속이 상해 마시는 술이 부쩍 더 늘었다.

대기업에 다니는 배부장은 어린 자녀들을 가르칠 때 늘 강조하는 말이 있다. '어떤 일이 있더라도 절대 자존심을 버리지 마라'는 얘기다. 한마디로 배부장네 가훈쯤 된다고나 할까. 아이들을 강하게 키움과 동시에 자신감을 불어넣어 주겠다는 두 가지 의도가 엿보인다. 그러나 편한 자리에서 만나 소주잔을 부딪치며 그가 털어놓은 처지는 완전히 다른 얘기다. 가장이자 아버지로서 그는 아이들에게 '절대 자존심을 버리지 말라'고 교육시키지만, 직장에서 자신의 모습은 그러지 못한 것 같아 마음이 무겁고 부끄럽다.

얼마 전부터 배부장은 회사에서 눈칫밥을 먹는 신세가 되었다며 한숨을 내쉰다. 경기가 안 풀려 회사의 경영 실적이 나빠진 것이 원인이다. 지금과 같은 시점에서 '누군가 부진한 실적에 대해 책임져야 한다'는 회사 분위기가 중간 간부인 배부장의 마음을 힘들게 하는 모양이다. 예전 같으면 쉽게 넘어갈 수도 있는 일이지만, 지금은 상황이 다르다. 그만큼 회사의 경영진들 마음에도 여유가 없다는 얘기다. 문책성 인사의 대상자가 서너 명으로 좁혀지고 있다는데, 소문에 따르면 그 대상자 중 배부장 자신도 포함된 것 같다며 깊은 숨을 내쉰다. 사정이 이렇다 보니 행여나 소문이 진실로 탈바꿈할지 모른다는 불안 때문에 일이 손에 잡히지도 않는단다. 아직 들어가야 할 돈도 많다. 은행에 갚아야 할 대출이자에 아이들 교육비 등등.

생계가 자존심보다 앞선 상황이 되다 보니 머리를 조아릴 수밖에 없다. 오늘 아침에도 아이들에게는 '파이팅'을 주문하고서 회사로 발걸음을 옮겼지만, 정작 배부장의 직장생활은 내내 윗사람들 눈치 보기의 연속이다. 자신이 그런 행동을 할 때마다 가족들, 특히 아이들의 얼굴이 떠올라 괴롭다고 말한다. 이런 모습은 비단 배부장만의 고민이 아닌 여러 가장들의 말 못할 현실일 수도 있다.

최씨는 작년 여름까지만 해도 남부러울 것 하나 없는 대한민국 표준 가장이었다. 남들보다 비교적 안정적인 월급에 아리따운 아내, 그리고 아들과 딸을 하나씩 둔 이상적인 110점짜리 가장이었다. 그가 다니던 회사는 이름만 대면 누구나 알 만한 건설업계에서는 굴지의 기업이었다. 그러했던 그의 신변에 단 몇 개월 사이 큰 변화가 생겼다. 작년 초에는 함께 일하던 동료들이 더 좋은 조건을 제시한 다른 회사로 자리를 옮겼

Working Father

는데, 최씨는 그런 유혹에 전혀 흔들리지 않았다. 대학 졸업 후 첫 직장이던 이 회사에 자신의 꿈과 열정을 모두 바쳐온 터라 주변 사람들의 자리 변동에도 눈 하나 깜짝하지 않았다. 오히려 이 회사가 더욱 발전하기 위해서는 자신이 묵묵히 버티어주는 게 도리이자 사명이라고 생각할 정도였다. 그러나 세상일이란 게 어디 내 뜻대로 움직여주는 것이던가.

최씨의 회사 역시 국내 부동산 버블과 글로벌 경제위기 앞에서 휘청거렸다. 그리고 기업이 사용할 수 있는 마지막 카드, 즉 구조조정이라는 칼날을 휘두르기에 이르렀다. 물론 최씨는 회사의 인력 감축 대상에 본인이 포함될 거라고는 꿈에도 생각해 본 적이 없었다.

'내가 누구던가, 입사 초부터 능력을 인정받아 온 최동범 아닌가!'

하지만 그의 예상은 보기 좋게 빗나가고 말았다. 젊은 시절부터 시간과 열정, 그리고 때로는 가족까지 희생해 가며 일해 온 회사에서 그에서 돌려준 것은 '권고사직' 네 글자였다. 최씨는 회사의 결정을 받아들이기로 했다. 그러고 나니 모든 것이 부질없었다. 최씨는 사람들 눈에 띄지 않는 주말 저녁을 이용해 자신이 사용하던 사무용품들을 달랑 박스 하나에 담아 나왔다. 회사에서 뚜벅뚜벅 걸어서 나오던 그날은 씻을 수 없는 상처가 되어 그의 마음에 남아 있다.

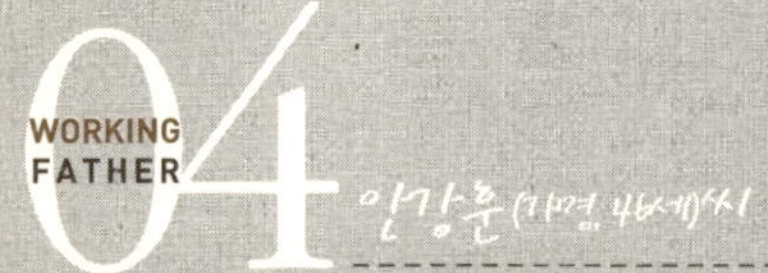

안사장은 경기도 안산 반월·시화 산업단지에서 기계부품을 제조해 수

출하는 중소기업의 사장이다. 학교 졸업 후 산업 일선에서 열심히 경력을 쌓으면서 일을 해오다 독립해서 지금까지 회사를 꾸려왔다. 비록 작은 규모이긴 해도 안사장의 회사는 해마다 성장을 거듭했다. 주변에서는 이 같은 안사장의 성공비결로 그의 직원 사랑을 꼽았다. 물론 사업 초기에는 누구나 그렇듯 안사장에게도 몇 번의 고비가 있었다. 그러나 직원들의 월급을 밀린 적이 단 한번도 없었다. 위기가 찾아올 때마다 자신만 보고 따라온 직원들, 무엇보다 그들이 한 집안 가장들임을 생각하며 안 씨는 오뚝이처럼 일어나는 뚝심을 발휘했다. 간혹 신문이나 뉴스 등을 통해 임금체불 문제가 사회적으로 지탄받을 때에도 그의 직원들은 마음 편히 일할 수 있었다. 그만큼 안사장에 대한 직원들의 믿음은 컸다.

가령 안사장은 자신이 가져가는 돈이 적더라도 직원 월급만큼은 꼬박 챙기는 것을 잊지 않았다. 심지어 현금서비스를 받아서라도 직원들 월급 주는 일만큼은 정확했다. 이렇듯 평소 안사장의 인품은 배려와 후덕함으로 가득하여 직원들의 무한신뢰 대상이었다.

그런데 안사장에게 위기가 찾아왔다. 이 지역 공장들 중 절반가량이 문 닫게 생겼다는 주위 소문은 더 이상 소문이 아닌 현실로 다가왔다. 경기가 잘 풀리지 않아서 회사의 완제품 수출이 막히고 재고가 쌓이게 된 것이다. 더 이상 물건을 만들어봐야 판매할 길이 없어 돈줄이 꽉 막히자, 안사장 마음은 답답함뿐이다. 자신이 그토록 아끼던 직원들에게 월급조차 줄 수 없는 형편이 되자, 머릿속이 복잡해졌다. 비단 월급 문제가 전부는 아니다. 어쩌면 피붙이처럼 생각하던 직원들을 직접 자신의 손으로 정리하고 해야 되는 상황이 올 수도 있다는 위기감에 앞에 밤잠을 설친다. 그들 역시 한 집안의 남편이자 아버지인 가장일 텐데 이들의 밥줄을 끊는다는 건 쉽게 결정할 수 있는 문제가 아니다. 안사장의 괴로움은 추운 날씨만큼이나 매섭고 차다.

WORKING FATHER 05

심부장은 퇴근 후 집에 들어가는 일이 하루 일과 가운데 가장 큰 곤욕이다. 오늘도 집으로 향하는 심부장의 발걸음은 천근만근이다. 지친 몸을 편히 쉬고 마음의 위안을 받아야 할 집에 들어가기가 싫다니, 도대체 심부장에게 무슨 일이 있는 걸까? 그 이유는 심씨 스스로 가족들과 조화, 융화되지 못한 채 늘 외톨이라는 생각이 들기 때문이다. 집안을 이끌고 가야 할 심부장은 버젓한 가장이지만 무늬만 그렇다고 느낀다. 현재 심씨는 중견기업에 다니고 있다. 대학 졸업 후 곧바로 직장을 잡고, 결혼하여 슬하에 두 딸을 둔 심부장. 어찌 보면 현재 이 땅에서 살아가는 한국 남성들의 표준이라고 하겠다. 그런데 심부장은 아이들이 커 갈수록 자신의 경제적 능력에 대한 회의와 가족들로부터 느끼는 소외감이 마음에 쌓여갔다. 대기업에서 근무하는 다른 사람들보다 자신의 월급이 적은 게 사실이지만, 아내는 종종 집안의 경제적인 상황을 다른 집과 비교한다. 물론 겉으로 드러내놓고 남편의 심기를 불편하게 만드는 건 아니다. 그렇지만 심부장이 듣기에 은연중 내비쳐지는 아내의 속내가 비수처럼 느껴지는 걸 어쩌랴.

심부장은 그런 느낌을 받을 때마다 '아이들 교육시키랴, 살림하랴 사는 게 하도 빡빡해서 아내가 그냥 지나가는 말로 그러려니' 하고 넘어가지만 아내, 자녀들에 대한 서운함과 자신에 대한 불평을 동시에 느낀다. 고3이 되는 큰딸과 중학생인 둘째 딸도 자신을 바라보는 시선이 예전처럼 따뜻하지 않음을 느낀단다. 현실적으로 생각해 보면 심부장이 벌어다주는 월급으로는 살림살이가 버거운 게 사실이다. 대학입시를 앞둔 큰딸과 앞으로 예체능 분야의 공부를 하고 싶다는 둘째에게 들어갈 과외비는 상상을 초월한다. 입시와 사춘기라는 생체기에 놓여 있는 딸들은 성격이 민감해져 있으며 유독 엄마와만 살갑게 지낸다. 그는 자신만 빼고 다들 잘 지내는 것 같아 왠지 집이 낯설다. 이내 심부장은 스스로 무능함을 탓할 수밖에 없다. 어쩌면 2009년을 살아가는 많은 아버지들의 모습일 수도 있다.

은근히 아내를 자랑하는 남편들이 있다. 자랑할 만한 것이 여러 가지 있겠지만 주로 '아내의 벌이가 나만큼 된다' 또는 '벌이가 나보다 더 낫다'라는 얘기들이다. 그런 말을 듣고 있노라면 부러운 게 사실이다. 경제적 책임을 부부가 나누어 짊어진다는 건 매일 같이 치열한 삶을 살아야 하는 21세기에는 행복이요 축복이다. 평생직장의 개념이 더욱 흐려진 오늘날 남편들의 위기의식은 그 어느 때보다 커졌다. 젊고 매력적인 남자들이야 아직 기회가 많지만 나이 지긋한 중년 남자들은 마땅히 갈 곳도 없다. 지금 다니는 직장에서 정년까지 버틴다는 건 하늘의 별 따기만큼이나 어려운 일이 되어버렸다. 경제위기, 감원 바람 등 예측할 수 없는 변수도 많아졌다. 그래서 남편들은 가계의 경제를 나누어서 질 수 있는 아내의 능력을 은근히 바라는 것이다. 든든한 보험 하나 들어둔 것 같아 위안이 된다는 말이다. 그런데 꼭 그렇지만은 않은 것 같다.

직장생활 10년차인 김차장의 경우, 든든한 직장을 가진 아내 덕분에 주변의 부러움을 한몸에 받는다. 그러나 김차장 자신은 남들이 생각하는 것처럼 행복하다고 생각하지 않는다. 잘 나가는 아내, 단연 돋보이는 아내 때문에 주눅이 들 때가 있기 때문이다. 아내의 역할로 경제적 부담에서 남들보다 어느 정도 자유로운 건 사실이지만, 때때로 아내와 비교되는 모자란 자신이 싫다. "돈 버는 능력 면에서 다른 누구도 아닌, 아내와 비교 당할 때의 씁쓸함을 당해보지 않은 사람은 모릅니다"라고 그는 잘라 말한다. 사람들은 돈이 많은 문제를 해결해 줄 수 있을 거라 희망하며 살지만, 돈이 많다고 꼭 행복할 수 있는 건 아니다. 자세한 내막은 끝끝내 말하지 않는 김차장이지만 어느 정도 짐작되는 부분이 있다. 남자로서, 그리고 남편으로서의 자존심이 그를 힘들 게 하는 것 같다.

표영식(가명, 41세)씨

표차장의 책상 위에는 아내와 아이들이 해맑은 표정으로 웃고 있는 가족사진이 놓여 있다. 그는 일하는 중간 짬짬이 시간을 내어 그 사진을 들여다보며 위안을 얻는다. 올해로 결혼 13년차인 표차장은 결혼 전 이런 다짐을 했다. '아무리 바쁘더라도 가족에게 많은 시간을 쏟겠다. 다정다감한 남편, 친구 같은 아버지가 되리라.'

사실 표차장 자신은 어린 시절에 아버지의 정을 그리워하면서 자랐다. 그의 아버지는 중동건설 특수가 한창이던 30여 년 전, 산업근로자로 해외에 나가 일했다. 부모의 정이 그리울 수밖에 없는 어린 시절에는 아버지와 떨어져서 지내야 하는 이유를 도무지 이해할 수 없었다. 해외에서 몇 년 고생하면 목돈을 만들 수 있고, 그 돈으로 작은 가게라도 하나 차려 삶을 꾸려나가려 했던 아버지의 계획보다는 아빠와 나란히 손잡고 대중목욕탕에라도 가서 서로의 때를 밀어주는 풍경이 어린 표차장에게는 더 중요한 일이었다. 철없는 아이의 생각이었으니까…

표차장이 유독 가족에 대한 책임감과 연대를 중요하게 생각하는 이유는 어린 시절 자신이 겪은 아버지에 대한 그리움이 마음속에 자리 잡고 있기 때문이다. 그런데 현실은 생각과 많이 달랐다. 결혼해서 아이들을 낳고 한 집안의 어엿한 가장이 되고 보니, 정작 표차장 자신도 과거 자신의 아버지가 그랬던 것처럼 가족에게 쏟아 부을 수 있는 시간이 절대적으로 부족했다. 그 또한 조금도 방심할 수 없는 일들에 치이고 밀려 1주일, 한 달, 1년을 보내게 마련이었다. 주말이 되면 집안의 일을 돕거나 아이들과 즐거운 한때를 보내고 싶지만, 부족한 잠을 보충하기가 더 바쁘다. 그나마 다행인 것은, 이 같은 표차장의 사정을 가족들이 너그럽게 이해해 준다는 점이다. 차라리 화라도 내고 표현이라도 한다면 표차장 마음속 짐이 덜 할 텐데 말이다. 간혹 '나는 돈만 버는 기계일 뿐, 가족과 아이들을 위해서는 아무것도 하는 게 없군' 이라는 생각이 들 때면 마음이 영 불편하다.

08 WORKING FATHER
신동호(가명, 48세)씨

신씨는 올해로 마흔 후반에 들어섰다. 요즘 신씨의 고민은 이만저만이 아니다. 일흔을 훌쩍 넘긴 신씨의 아버지가 6개월 전 외출했다가 그만 교통사고를 당해 종합병원에 입원하고 있기 때문이다. 신씨의 아버지는 아내와 사별한 후 힘든 살림에도 불구하고 두 아들과 딸의 뒷바라지로 청춘을 모두 바쳤다. 아버지의 외로움과 고생을 가장 가까운 곳에서 지켜보며 자라온 신씨와 형제들은 그런 아버지가 돌아가실 때까지 효도해야겠다는 마음이 굴뚝과 같다. 그러나 현실은 그렇지 않다. 도대체 돈이 뭐기에….

입원 중인 아버지의 병원비로 수천만 원이 필요한 상황인지라 금전적인 여유는 물론 마음의 여유마저 없다. 수술비용과 병원비뿐 아니라 지금까지 보탰던 생활비보다 더 많은 돈이 들게 생겼기 때문이다. 그런 신씨의 집에 작은 경사가 생겼다. 그의 큰아들이 서울 소재 유명 대학에 합격하여 최근 아버지 문제로 마음 어수선하던 신씨를 비롯한 가족들에게 기쁨을 선사한 것이다. 하지만 그런 기쁨도 잠시다. 천정부지로 치솟아 있는 대학 등록금 정도야 이리저리 당기면 어떻게든 마련할 수 있을 테지만, 그 이후부터가 문제다. 해마다 하늘 높은 줄 모르고 오르는 학비 마련과 더불어 언제 퇴원할지 모르는 아버지의 병원비까지 생각하면 벌써부터 신씨의 가슴은 답답하다. 그런 마음을 아는지 모르는지 대학생이 된 철부지 아들을 앞에 두고 신씨는 혼자서 이렇게 중얼거린다.
"내가 늙더라도 저 녀석한테는 손을 내밀지 말아야 할 텐데…"

진지한씨는 몇 해 전에 이민을 결심했다. 우리나라에서 아이들 잘 키우면서 행복하게 살고 싶은 마음이 왜 없겠냐마는 이 땅에서 산다는 게 힘에 부쳤다. 하늘 높은 줄 모르고 치솟는 집값은 안락하게 살 만한 집 한 채 마련하는 일조차 버겁게 만들고, 아직 어리긴 해도 해마다 턱없이 오르는 아이들의 교육비는 입이 벌어지도록 만든다. 무엇보다 빠듯한 월급 수준으로는 행복한 생활을 꿈꾸는 것마저 불가능하다. 아무리 '열심히' 살아봤자, '행복' 두 글자를 마음에 새길 수 있을지 의문이 들었다. 한마디로 빠듯한 삶에 염증을 느낀 것이다. 유난히 가족 사랑이 깊은 진씨는 남들처럼 기러기아빠로 살아갈 자신도 없었다. 결국 가족과 상의한 끝에 가족 모두가 해외로 나가서 살기로 결정했다. 이렇게 결심한 진씨는 이민생활에 필요한 것들을 한 가지씩 준비해 나갔다. 가장 먼저 어떤 나라로 갈 것인지에서부터, 그곳에서 무엇을 해야 하고 아이들 교육은 어떻게 시킬 것인지 등등 준비할 게 너무 많았다. '해외이민박람회' 등이 열리는 곳이면 발품을 팔아 이민에 필요한 각종 정보와 자료를 수

Working Father

집했는데, 최종적으로 미국행을 낙점했다. 나름 아메리칸드림을 꿈꾼 것이다.

마침내 진씨는 다니던 직장에 사표를 내고서 주변 정리에 나섰다. 그리고 미국에서 가족과 함께 두 번째 인생을 살기 위한 꿈으로 부풀어 있었다. 그런데 경기가 심상치 않았다. 2008년 하반기부터 본격적으로 불어닥친 경제위기가 진씨의 발목을 잡았다. 진작부터 미국행을 준비해 왔는데, 세계를 공포로 몰아넣고 있는 경제위기의 시발점이 하필 미국이라니…. 사실 진씨는 미국에서 작은 식당을 하나 운영할 계획이었지만 돌아가는 상황을 살펴보니 생각처럼 만만하지 않다는 얘기들뿐이다. 미국도 경기가 죽어 식당 운영으로는 도저히 수지타산이 안 맞는다는 계산이 나왔다. 가장이라는 짐을 짊어진 진씨는 미국행을 강행하기도, 한국에 다시 눌러앉기도 어려운 진퇴양난에 빠져 고민 중이다.

10

대장암을 선고 받고 투병을 하다, 온몸에 병이 퍼져 죽어가는 남자, 아니 아버지가 있었다. 그의 아내는 남편에게 "아이들이 당신이 가는 마지막 모습을 지켜볼 수 있도록 힘을 내어달라"며 울먹였다. 하지만 남자의 몸은 더 이상 병을 버텨낼 수 없었다. 다행히 자신이 죽기 전에 아이들이 도착했는데, 무기력한 그는 아이들에게 아무 말도 건넬 수 없었다. 오직 가쁜 호흡만 내쉴 뿐이었다. 결국 아내는 남편의 마지막 순간을 직감적으로 알아차리고, 아이들에게 이렇게 말한다.

"애들아 혼자 가는 아빠에게 '고맙습니다. 사랑해요' 라고 위로해 드리렴."

마지막 거친 호흡 속에서 아버지는 말 대신 눈물을 흘리며 생을 마감한다. 아무것도 해줄 것 없는 아버지가 아이들에게 보여줄 수 있는 건 뜨거운 눈물이 전부였다.

휴먼 다큐멘터리 〈안녕 아빠〉라는 프로그램의 내용이다. 많은 사람들은 방송을 보며 안타까운 마음에 뜨거운 눈물을 흘렸다. 일찍 돌아가신 어머니의 병을 몸 안에 품고 살아가는 한 남자의 이야기. 그가 결혼해서 두 자녀를 낳고 살아가던 중 대장암이 선고되었고, 그가 죽기 전까지의 삶을 다큐멘터리로 만든 프로그램이었다.

세상의 모든 아버지들, 특히 우리나라에서 아버지로 살아가는 남자들은 시한부 삶을 사는 것 같은 기분이 들지 않을까. 비록 병이 들지는 않았더라도 무엇인가 나를 옥죄어오는 듯한 느낌 때문에 개운하지 않을 것이다. 내가 사는 동안만큼은 가족들에게 뭐든 해주고 싶은 생각이 굴뚝같다. 부족함 없이 베풀고도 싶다. 하지만 사정이 여의치 않을 때가 더 많다. 좋은 환경을 제공하고 넉넉한 돈을 대주고는 싶지만 삶이 뜻대로 흘러가지 않는다. 하지만 그러지 못하더라도 뜨거운 마음, 눈물만큼은 아버지들 마음속에서 벗어나본 적이 없다. 미안하다는 말과 함께…

CHAPTER 1

너희가 워킹파더를 아느냐?

Working Father

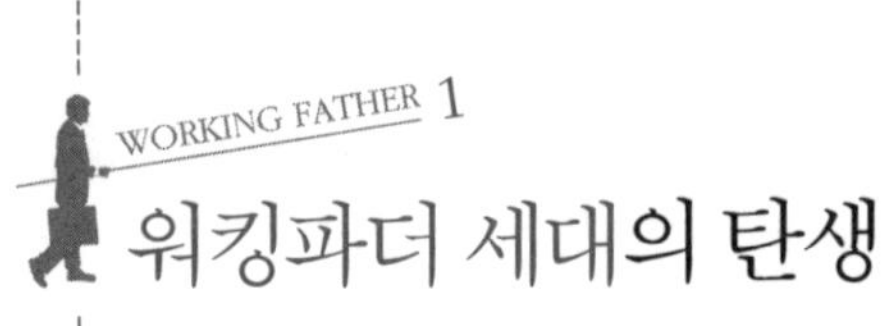

워킹파더 세대의 탄생

한국에 새로운 아버지 세대가 나타났다. 아무리 열심히 살려고 발버둥을 쳐도 빠져나올 수 없는 늪으로 더욱 빠져드는 이들. 누군가 자신을 따뜻하게 돌봐준다는 느낌조차 받아보지 못한 채, 또 내면의 외로움을 차마 밖으로 드러내지 못한 채 삭이며 살아가는 이들. 바로 이 책의 주인공들이자 대한민국 경제의 중심 역할을 맡고 있는 사람들이다. 이들은 두 번 다시 기억하고 싶지 않은 'IMF 외환위기'와 10여 년 만에 다시 찾아온 '세계적 경제위기'라는 거대한 풍파 앞에 외로이 맞서야 하는 처지에 있다. 지난 외환위기 당시 국가 경제의 중심에 서 있다가 된통 당한 사람들, 그 시절을 잘 견디어내고 이제 살 만해졌다 싶었는데 또다시 뒤통수를 맞게 된 사람들이기도 하다. 30대 후반에 접어든 내 또래를 비롯하여 그 위로는 10년 아래로는 5년 터울에 있는 누군가의 남편이요 아버지, 그리고 경제 역군들의 이야기다.

이 세대는 지금 경제·사회·문화 측면에서 볼 때 극심한 과도기를 겪고 있다고 본다. 지난 경제위기 이후, 이들이 신뢰할 수 있는 건 돈이었다. 대량해고, 취업난, 자산가치 폭락 등의 사태가 휘몰아쳐 혼쭐이 난 후 다들 한 수 배웠다고 여겼다. 정답은 '돈'이었다. 그래서 약 10년 동안 재테크 광풍이 대한민국을 강타했고 많은 이들이 쏠쏠한 재미를 보았다고 생각했다. 너도나도 부자 아빠를 좇았지만 실은 가난했고, 누가 피해자이고 가해자인지 모를 머니게임에 빠져 시간 가는 줄 몰랐다.

한편 직장에서의 노동 강도는 더욱 높아져 살아남기 위해 자신의 열정과 시간을 바쳐야 했고, 상대적으로 가족에겐 소홀할 수밖에 없었다. 그리고 글로벌 경제위기가 닥쳐왔다. 사회적·문화적으로 살펴보면 아버지로서의 권위를 상당 부분 잃고서는 좌절했고, 부모 세대에 지극정성 봉양과 자녀들에 대한 끝없는 베풂을 당연히 자신의 몫으로 여기면서도 불평할 줄 몰랐다. 하지만 그들에게 남은 건 막힘, 좌절, 반 토막, 고난, 배신감 등의 단어뿐이다. 나는 이런 상황에 놓인 아버지 세대를 고난의 아버지, 즉 '워킹파더'라고 규정해 본다. 이 세대는 현재 가계의 자산가치가 붕괴, 구조조정에 따른 심각한 고용불안, 가정 공동체의 변화라는 위기에 몰려 있다.

워킹파더를 중심으로 한국의 아버지들을 3개 세대로 나눌 수도 있는데, 우선 아버지 1세대는 한국전쟁을 겪은 이들이다. 두 번째는 2세대 아버지들, 즉 이 책에서 말하려는 워킹파더들이다. 이들은 경제위기를 두 번이나 겪고 있는 30대 중반에서 40대 후반까지의 가장들이다. 마지막 3세대는 30대 초반의 아버지 또는 앞으로 아버지가 될 예비 아버지를 말한다. 내가 이처럼 아버지들을 3세대로 나눈 이유는 따로 있다. 워킹파더로 명명한 2세대 아버지들의 상황을 객관적으로 파악해 보기 위해서다.

워킹파더를 1세대, 3세대 아버지와 구분하는 기준은 두 가지다. 첫째, 이들은 사회적·문화적 측면에서 볼 때 권위로 무장한 1세대와 개인주의로 대변되는 3세대 아버지들 사이에 놓인 '낀 세대'라는 위치에 있다. 둘째, 이들은 대한민국 역사상 초유의 글로벌 경제위기를 10년여 사이 두 번이나 겪으면서 그로기^{groggy} 상태에 빠져 있다. 바로 이 두 가지가 워킹파더의 여부 기준이다.

그렇다면 위에서 규정한 것처럼 '낀 세대'에 놓인 워킹파더들은 어떤 모습일까. 우리나라는 전통적으로 중앙집권적이고 가부장 중심적인 대가족 구조를 유지해 왔다. 그러다 산업화가 시작되면서부터 핵가족 시대로 이동했다. 문제는 완전히 핵가족 시대로 이행을 마친 게 아니라 이전 사회 모습과 앞으로 변하는 사회가 현재 공존한다는 점이다. 바로 여기서 문제가 나타난다. 고난의 아버지인 워킹파더들은 자신의 의지와 상관없이 '낀 세대'가 되면서 소외된 괴물이 되어 버렸다. 몸은 더욱 힘들고 마음은 가난한데, 물질적으로나 정신적으로 보상받을 길이 없는 처지에 있다.

솔직히 1세대 아버지들은 오늘날 시각에서 보면 거의 왕 노릇을 하며 살았다. 그들은 전쟁을 겪은 후 국가의 경제 발전에 중추적인 역할을 해왔다. 워킹파더들이라면 누구나 한번쯤 이런 경험이 있을 것이다. 1세대 아버지에게 '아버지 요즘 사는 게 너무 힘들어요'라고 투정이라도 부리면 '나는 보릿고개도 겪고 한국전쟁 때에는 죽을 고비도 몇 차례 넘겼다. 전쟁 후에는 밤낮으로 일해야 했고 육체적으로 위험한 일도 얼마나 많이 했는지 모른다. 그나마 너는 쉬운 인생을 사는 거다'라는 반응이 참 익숙하다. 물론 맞는 말이긴 하다. 그러나 1세대 아버지들에게는 2세대 워킹파더들이 상상조차 못할 권위라는 무기가 있었다. 집에 들어가면 밖에서 수고 많았다며 인정받고 아이들은 깍듯이 출근하는 아버지에게 인사하는 그런 권위가 그들에게 있었다. 대가족제도는 이처럼 아버지가 중심인 사회를 지탱하고 유지하는 데 도움이 되었다. 1세대 아버지들은 비록 몸이 좀 고달프더라도 '내가 집에서만큼은 중요한 사람'이라는 자부심을 마음에 품고 살았다. 고생의 대가로 권위라는 보상을 받은 셈이라고나 할까.

그렇다면 이제 3세대 아버지들을 살펴보자. 이들은 한마디로 신세대다. 그들은 시대가 다원화되고 핵가족화된 환경에서 교육받고 성장했다. 따라서 유난히 자기주장이 강하고 양보도 잘 모른다. 더군다나 윗세대에 대한 봉양 정신이 희미하다. 물론 시대가 변한만큼 그에 걸맞은 사고방식과 라이프스타일을 살아간다. 솔직히 나는 그들의 거침없는 생각과 행동이 내심 부러울 때가 있다.

그러나 워킹파더들은 어떤가? 과거의 아버지들처럼 권위를 내세운다면 당장 찬밥 신세를 면치 못할 것이다. 1세대 아버지들처럼 집에서는 좋은 대접도 못 받는다. 신세대 아버지들처럼 자신의 요구를 과감히 바라거나 일이 잘 안 풀릴 때 어디론가 훌쩍 떠나버릴 만한 배짱이나 용기도 없다. 그저 먹고 살 걱정에 바쁜, 세대와 세대 사이에 끼어 자신의 목소리조차 제대로 내지 못하는 인생들이다. 노동의 강도는 해가 갈수록 강해지고 가정에서는 아버지의 권위가 무너졌다. 몸은 예전보다 더욱 힘들어졌는데, 정신적으로나마 위로와 보상받을 길이 사라져버렸다. 의무와 함께 권위를 누리며 살던 1세대 아버지들에 대한 부러움을 가질 만도 하다. 그만큼 삶이 팍팍해졌다.

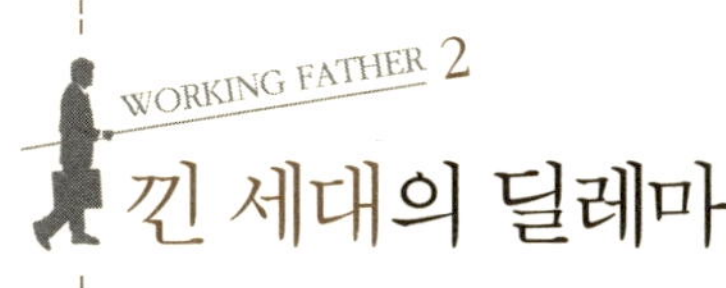

낀 세대의 딜레마

워킹파더들의 딜레마는 부모를 모시는 일에서 하이라이트를 보인다. 이 세대는 자신의 아버지인 1세대를 보양하려는 의무감과 책임이 강하다. 넉넉지 못한 시절 부모가 고생하며 사는 모습을 가장 가까운 곳에서 지켜보며 자랐기 때문일 것이다. 그런데 3세대 아버지들에게는 그런 의식이 희미한 것 같다. 그들은 워킹파더들보다 유복한 삶을 살았기에 힘든 걸 잘 모른다. 먹고 살기 각박함에도 부모와 자식들을 챙기는 워킹파더들은 자신의 돈과 에너지를 위로 아래로 쏟아 붓지만, 정작 자신을 위해 도움 받는 일은 거의 없다. 워킹파더 세대는 경제적 문제뿐 아니라 가정의 구조 변화, 워킹맘의 등장, 고령화 시대의 급속한 진전, 퇴직연령 완화, 자녀교육 문제 등 갖가지 변화가 일시에 발생하자 쉽게 적응하지 못한 채 혼란을 겪고 있다. 한 가지 사례를 소개한다.

국내 재계서열 20위 안에 드는 모 그룹에 2008년 말 입사한 김과장. 그는 요즘 마음이 답답하다. 이 회사는 최근 성공적인 인수합병을 통해 잘 나가는 직장으로 떠오르고 있다. 그러나 김과장이 이 회사로 옮기기 전에 다니던 회사 역시 재계 5위 안에 드는 초일류 기업이다. 김과장이 새로운 직장으로 옮긴 이유는 이 회사의 향후 성장 전망이 좋아 자신의 능력을 마음껏 펼칠 수 있겠다는 것 외에도 고액 연봉의 유혹을 뿌리칠 수 없었기 때문이다. 사실 김과장은 전 직장에 있을 때 주변에서 펀드와 주식투자로 높은 수익률을 내는 동료들을 보면서 그동안 모아둔 예적금 등의 돈을 펀드와 주식투자에 몽땅 넣었다. 그러나 주가가 1,000포인트대로 급락하면서 김과장의 경제 사정은 극도로 악화되기 시작했다. 하는 수 없이 그는 아내의 핀잔을 피해갈 수 있는 방법을 강구하다가 거액의 연봉을 제시한 지금의 회사로 옮기게 되었다. 문제는 이게 끝이 아니다. 그는 새로운 회사에 입사하자마자 많은 돈을 들여 회사 자사주에 쏟아 부었다. 그러나 미국발 금융위기가 터지면서 이 회사 역시 유동성 위기설에 휘말렸고, 결국 주가가 반 토막이 났다. 그동안 집을 장만하기 위해 열심히 저축한 돈이 몇 개월 사이 절반 수준 이하가 되어버린 것이다. 김과장은 '내가 과연 집안의 가장으로서 할 수 있는 게 무엇일까' 라는 회의에 빠져 있다.

○ ● ○

경제적 관점에서 보더라도 워킹파더들은 비참할 뿐이다. 위에서 사례로 제시한 김과장처럼 외환위기를 꿋꿋이 버티고 재기를 위해 노력해 온 이들은 또 한번의 위기와 맞서야 한다. 미국발 금융위기가 그 주범이다. 2007년 미국에서 시작된 금융위기는 어느새 실물경제에도 타격을 입히며 워킹파더들의 어깨를 무겁게 짓누른다. 외환위기를 이겨내고 이제 한숨 돌릴 만하니 다시 위기가 찾아온 꼴이다. 성실과 책임감으로 똘똘 뭉쳐 난관을 극복한 워킹파더들은 10년 사이 경제위기를 두 번이나 겪어야 하는 현실에 놓여 있다. 많은 사람들이 희망을 애기하지만 절망할 수밖에 없는 이유다. 생전 처음 겪어본 외환위기 당시 어떻게든 살아남아 이를 악물고 10년 동안 죽어라일했다. 그런데 또다시 넘어야 할 큰 산이 성큼 눈앞에 가다와 있으니 맥이 풀릴 만하다.

1세대 아버지들은 자산 형성 측면에서 워킹파더보다 비교적 무난한 시절을 보냈다고 본다. 경제는 꾸준히 고도성장을 구가했고, 대부분의 사람들이 수혜자였다. 숨가쁘게 진행된 경제 성장과 맞물려 부동산을 포함한 자산경제의 성장도 눈이 부셨다. 약간의 기복이 있었으나 수도권 집값은 비교적 꾸준히 상승했다. 입지가 좋은 곳에 아파트를 분양받고 두세 번 옮겨 다니면 재산을 쉽게 불릴 수 있었다. 현재의 부동산 거품도 사실 1세대 아버지들이 주도했다. 정치권과 정부 관료들 또한 그런 경제에 익숙한 사람들이다. 이는 김대중, 노무현, 이명박 정부에 이르기까지 크게 달라진 것이 없다. 이명박 정부는 오히려 1970~80년대의 개발주의 시대 경제 운용방식으로 되돌아갔다는 느낌이 들 정도다. 이렇게 1세대 아버지들이 만들어낸 게임의 규칙에 30대 중반에서 40대 후반까지의 워킹파더들이 뛰어들어 거품 제조에 일부 동조하기도 했다. 그러나 워킹파더들은 자신들의 처지를 분명히 깨닫지 못한다. 원인을 모르니 어떻게 살아가야 할지 좌표도 정하지 못한다. 결국 이들은 실어증에 걸려 술자리에서는 알쏭달

Working Father

쏭한 인생에 대해 노래를 부른다.

대한민국의 더 나은 발전과 가정의 행복을 되찾기 위해서는 워킹 파더들이 느끼고 있는 심리적·경제적 문제를 이해해야 한다. 아울러 그들이 새로운 아버지로 거듭날 수 있는 방향을 모색해야 한다. 이들의 생각과 처해 있는 현실을 이해하려는 노력 안에 많은 문제의 해결책이 고스란히 담겨 있다.

워킹파더를 인큐베이팅한 경제위기

그렇다면 워킹파더들은 언제부터 나타나기 시작했을까. 이들의 등장은 어느 날 갑자기 비롯된 것이 아니다. 1997년의 외환위기가 결정적이었다. 독자 여러분도 잘 아는 사실이겠지만, 과거 우리나라를 공포의 도가니 속으로 몰아간 아시아 지역의 경제위기는 수많은 가장들을 힘들게 만들었다. 그리고 다시 10년 남짓 흐른 2009년, 이번엔 세계적인 글로벌 경제위기가 왔다. 사실 경제위기와 워킹파더와의 관계는 매우 밀접하다. '고난'이라는 단어로 규정지어도 어색하지 않은 워킹파더들이 이 시기에 대량으로 만들어질 수 있기 때문이다. 그런데 탄생하지도 생각하지도 말아야 할 워킹파더들은 경제위기가 나타날 때마다 그 모습을 분명하게 드러낸다.

국내외 여러 전문가들의 시각은 2009년 경기회복 여부에 대한 이

견이 많다. 1분기가 저점이라는 주장과 적어도 4분기까지는 힘든 시절이 이어질 거라는 전망, 심지어 2010년쯤에야 경기가 풀릴 거라는 등등의 시각이 사람들을 혼란 속으로 빠뜨린다. 결과가 어찌 나오든 간에 변함없는 사실이 하나 있다. 바로 2009년에는 많은 아버지들이 그 어느 때보다 더 힘들 것이라는 점이다. 혹자는 현재 상황과 외환위기 당시를 비교하며 많이 닮았다고 말하기도 한다. 각종 지표를 살펴보더라도 청신호보다 적신호를 더 많이 가리키고 있는데, 심리위축, 소비부진, 취업의 어려움, 대량해고 조짐 등 달갑지 않은 말들이 연일 신문의 헤드라인으로 오르내린다.

힘든 경제를 살리기 위해서는 사람들의 심리적 불안을 잠재우는 일이 급선무다. 그래서 언론과 경제 전문가 들은 현재 상황과 외환위기 당시와를 비교하는 일 자체에 조심스럽다. 얘기를 꺼내기조차 부담스러운 것이다. 그러나 기자로서 솔직하게 말하자면 현재 돌아가고 있는 상황은 외환위기 때와 비교할 대상이 아니다. 오히려 더 큰 어려움이라고 진단한다. 우리 사회는 IMF 외환위기를 겪으면서 고난이라는 꼬리표를 단 워킹파더들을 인큐베이팅했다. 오로지 성장지상주의라는 기치 아래 앞만 보고 달려온 이 시대 아버지들은 경제가 힘들다는 말만 들어도 불안과 공포, 그리고 삶에 대한 회의를 갖는다. 무엇 때문에 삶이 팍팍해야 하고 왜 이렇게 힘들어야 하는지 이유조차도 잘 모른다. 자신의 힘으로는 버텨낼 수 없는 큰 시류에 힘없이 흔들릴 뿐이다. 다리에 힘이 풀릴 수밖에 없다.

현재 자녀를 둔 부모라면 누구나 한번쯤 아이들에게 이런 말을 들려주었을 것이다.

"아무리 힘들어도 자존심을 잃어서는 안 된다!"

그러나 현실은 어떤가. 고단한 워킹파더들은 하루에도 수십 번을 고민하고 갈등한다. 국민소득 2만 달러 시대, 세계 교역량 10위권의 나라, 그리고 문화적 자존심이 강한 한국 가장들의 현실은 적당히 무릎 꿇어야 살아남는다는 걸 잘 안다. 숨기고 싶지만 그런 인생철학을 오늘도 꼬박꼬박 실천하며 사는지도 모를 일이다. 과거에 그토록 충만해 있던 자신감과 패기가 경제위기 앞에서는 힘없이 무너지고 있다.

암울한 과거를 다시 뒤돌아보자. 1990년대 중반 그 전까지만 해도 그야말로 잘 나가던 대한민국은 외환위기라는 소용돌이를 맞자 파티를 접어야 했다. 가계소득이 30~35%나 줄었고, 1인당 국민소득도 비참할 정도로 줄었다. 한창 잘 나가던 1995년 당시에는 국민소득 1만 달러(세계 32위)를 달성했지만 외환위기를 맞은 그 다음해에는 6,000달러 수준으로 크게 떨어졌다. 수치로만 보자면 1991년 수준으로 돌아간 것이다. 부동산 신화도 맥없이 무너졌다. 집을 사 두면 오르다는 철칙이 깨지면서 전국적으로 집값이 크게 하락했다. 집값뿐 아니라 전세 값도 떨어졌는데, 집주인이 세입자의 눈치를 보는 기현 상이 발생했다. 거의 모든 대한민국 가계가 자산 폭락의 아픔을 겪어야 했다. 한편 평생직장 신화는 말 그대로 신화였다. 바람직한 직장인 상이던 정년퇴직은 장밋빛 꿈이었으며, 기업의 상시적인 구조조정 시스템이 도입되자 가장들은 실업의 공포에 떨었다. 이때부터 본격적으로 자신의 경쟁력을 높이기 위한 자기계발 붐이 일어났다.

어두워진 사회 분위기와 맞물려 계층 간 위화감도 커졌다. 특히 중산층 이하 서민들은 절대적인 어려움에 직면했다. 어쨌든 일부 상류층을 제외한 대부분의 사람들이 고통을 받았다. 종합적으로 이 같은 위기의 확산은 우리에게 IMF 증후군이라는 상흔을 남겼다. 부도, 실직 등으로 사회기반이 붕괴되고 빚보증으로 인한 개인파산도 증가했다. 생계가 힘들어진 가정이 늘자 자연스럽게 이혼하는 가정도 가파른 증가세를 보였다.

장황하게 과거 이야기를 죽 늘어놓았는데, 어쩐지 옛이야기 같지 않다. 전혀 낯설지 않다는 말이다. 분명히 10여 년 전 이야기인데도, 현재 우리 주변에서 벌어지고 있는 일인 것 같은 느낌이 든다. 나만 그런 걸까?

IMF 학번의 비애

1998년 2월 서울 소재 '빅3' 대학교를 졸업. 외환위기 한파로 기업들의 구조조정이 시작되면서 그 흔하던 취업원서조차 받기 힘들었다. 겨우 손끝에 잡힌 취업원서를 들고 합격한 것이 고작 정규직 보장을 기약할 수 없는 인턴사원. 믿을 수 없는 현실이 싫었다.

'그래 소나기는 일단 피하고 보자. 한두 해 지나면 상황이 나아지겠지' 라는 생각에 선택한 것이 대학원 진학이었다. 집안 형편이 넉넉지 않았지만 부모들은 그동안 자식에게 투자한 것이 아까워 대학원 진학을 지원해 준다. 그리고 2년이 훌쩍 지났다. 이제 대학원까지 나왔으니 나름 자신이 있었지만 나처럼 취업을 포기하고 대학원으로 진학한 뒤 취업에 뛰어든 사람이 넘쳐난다. 대학원 간판은 허울에 불과했다. 상황은 여기서 끝나지 않는다. 어느덧 20대 후반이 된 이들은 취업연령 제한에 걸려 원서를 낼 자격조차 없다는 현실에 좌절해야 했다. 더 이상 취업을 미룰 수 없고 나이 들어 부모에게 손 벌리는 일도 부끄럽다. 결국 이들은 돈부터 벌고 보자는 생각에 제약사, 자동차, 보험 업종 등의 영업직을 수소문한다. 마음 한구석에는 대학원까지 쌓은 경력이 못내 아쉽게만 느껴졌다.

독자 가운데에는 '바로 내 이야기다' 또는 '어디서 많이 들어본 듯한 내용인데'라고 생각하는 분이 있을 것이다. 바로 비운의 세대라고 불리는 91학번의 이야기다. 1992년, 소설가 유순하씨가 《91학번》이라는 장편소설을 발표한 적이 있다. 이 소설은 학력고사를 통과하고 사회적 대변혁기 속에서 인생을 찾아가는 신입 대학생을 묘사한 것으로 기억한다. 소설가는 이 세대가 짊어지고 갈 고단한 운명을 한발 앞서 짚어낸 것이란 생각이 든다.

'IMF 학번'이라는 말이 있다. 이들은 청년실업 1번 타자로서 1998년 2월에 졸업한 91학번이 주류다. 주변 이야기를 종합해 본 결과 89, 90, 92, 93학번도 IMF 학번 범주에 들어가는 것 같다. 물론 군대에 다녀온 남자 기준이다. 이 기준으로 보면 IMF 학번은 2009년 현재 나이가 30대 중반이 좀 넘은 사람들이다.

인터넷 포털을 검색하다 보면 간혹 IMF 학번들이 겪은 고통의 글들이 눈에 띈다. 아예 모임을 만들어서 요즘 살아가는 이야기라든가 과거의 아픔을 되새겨보는 등 향수와 상처를 교감하며 사는 사람들도 더러 있다. 좀더 나이가 든 분들이나 직장 초년생들은 'IMF 학번'의 존재를 잘 모르는 것 같다. '어 그런 것도 있어?' 라고 반응하며 생소하게 생각한다. 그러나 'IMF 학번' 당사자들은 마음에 상처가 깊다. 따라서 이 같은 이슈에 대한 반응이 민감한 편이다. 외환위기 이후 10년 동안 이들이 걸어온 길은 순탄하지 않았다. 그들의 과거와 현재를 다시 되짚어보자.

대학 졸업 후 겨우 직장을 잡는다. 그러나 벤처기업 거품이 빠지면서 또 다른 실직 사태와 자산 잠식 여파가 세상을 흔들었다. 그나마 운 좋게 돈을 열심히 모은 사람들은 내집 마련의 꿈을 가져보려는데, 2000년 초중반부터 집값이 가파르게 오르기 시작했다. 아무리 열심히 일해도 집값 상승 속도를 따라잡기란 불가능한 일이었다. 결국 이들이 선택한 길이 재테크다. 무리한 대출을 통해 돈을 마련하고 아파트 분양권을 얻는 데 목숨을 걸었다. 일부는 펀드투자나 개미투자자로 나섰다. 주변에서 다 부자 되었다고 자랑하니 '나도 그들처럼 부자가 될 수 있다' 며 집단 최면에 빠졌다. 그런데 지금의 현실은 기가 막히다. IMF 학번의 2009년 현주소는 처음 출발 당시의 모습과 그다지 크게 변한 게 없다. 두 번째 경제위기가 몰려왔기 때문이다. 그런데 악몽과 같았던 외환위기보다 더 큰 위기라고 하니 심리적으로 위축될 수밖에 없다. 바람 앞에 놓은 작은 촛불 신세다. 기업의 구조조정이 가시화되고 힘들게 모은 자산이 폭락하는 현실을 두 눈 뜨고 지켜봐야 한다. 앞만 보고 달려왔지만 출발선에서 별로 멀리 가지 못했다는 기분이 든다. 고난의 세대 'IMF 학번' 들이 이뤄낸 결실은 무엇일까. 대답은 침묵밖에 없다.

○ ● ○

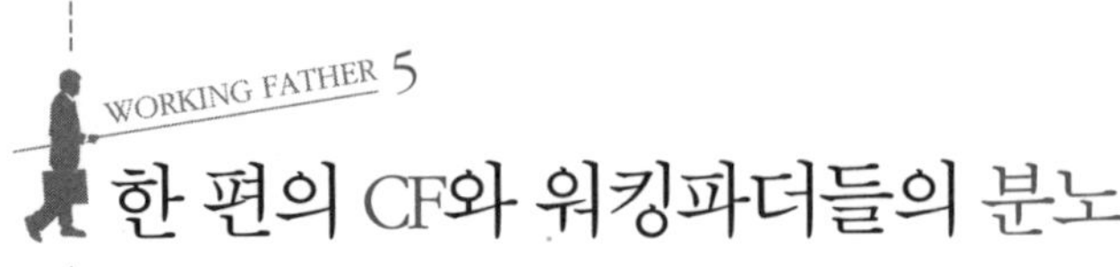

한 편의 CF와 워킹파더들의 분노

2006년 말, 한 편의 광고가 대한민국 아버지들을 노발대발케 하는 사건이 발생했다. '10억 원을 받았습니다' 라는 내레이션으로 시작하는 모 생명보험사의 광고였다. 그 내용은 이렇다.

'남편이 죽었는데 마침 큰 보험을 들어두었다. 그래서 남편이 죽자 사망보험금으로 10억 원을 받게 되었다. 보험설계사가 미망인의 집을 찾아가 앞으로 이 가족의 보험설계를 해주는 모습이다. 광고에 나오는 아내의 모습은 여전히 아름답고 보험설계사는 말쑥한 젊은 남자다. 둘이서 사이좋게 앞으로의 재무설계에 대한 이야기를 나누며 활짝 웃음 짓는다. 그리고 두 아이는 천진한 모습으로 뛰어논다.'

물론 이 광고를 만든 사람의 의도는 나쁜 발상에서 비롯된 게 아닐 것이다. 하지만 의도가 좋았더라도 결과는 엉망이었다. 결국 이 광고는 남성들을 비롯해서 여론으로부터 엄청난 뭇매를 맞았다. 소리를 빼고 영상만 보고 있노라면 마치 한 편의 불륜 드라마를 보는 것 같은 인상을 줬다는 얘기다. 이 광고를 본 아버지들은 '내가 죽으면 아내가 저렇게 좋아한단 말이지' 라는 생각에 말 못할 배신감을 느꼈다.

'뼈 빠지게 고생하다가 먼저 죽게 되었는데, 나 없이도 세상은 잘 돌아간다. 나의 노력의 대가가 고작 다른 사람의 행복을 위해 사용되는구나' 라는 배신감이 아버지들의 마음에 파고들었다.

이 광고가 전파를 타고 방영되자, 모 단체에서는 보험사를 상대로 공식적으로 항의했다. 이 단체는 문제가 된 광고를 '올해의 추한 광고' 에 선정하기까지 했다. 한 집안 가장의 죽음을 정면으로 다룬데다 남편의 죽음에 대한 대가 10억 원을 놓고 행복한 표정으로 활짝 웃는 아내의 모습이 너무 불쾌하다는 것이다. 일각에서는 이 광고가 방영되자 자신의 생명보험 수혜자를 아내에서 자녀 쪽으로 바꾸겠다거나, 보험을 아예 들지 않겠다는 흥분된 반응도 보였다. 이 광고 말고도 '아버지가 죽은 후 보험금으로 자녀들의 학비와 결혼비용까지 감당할 수 있어서 다행' 이라는 내용의 광고도 퇴짜를 맞아야 했다.

죽은 아버지에 대한 애도와 애정의 표시는 조금도 드러나지 않고 오직 경제적 능력이라는 잣대만으로 아버지의 위상을 가늠한다는 것이 불만의 이유였다. 더구나 '살아서 자식들을 위해 열심히 일한 아버지가 그런 고생을 통해 피부에 와 닿는 자산을 만들어놓지 못했다면, 죽어서라도 10억 원쯤 남겨놓고 가는 아버지보다 못한 사람이냐?'는 곱지 않은 시선도 있었다. 살아서나 죽어서나 아버지 역할은 '돈 버는 기계 수준'에 불과하다는 불쾌감이 많은 아버지들을 뿔나게 만들었다. 마침내 광고는 인터넷 누리꾼 사이에서 뜨거운 논쟁거리로 떠올랐고, 광고 동영상이 게재된 사이트마다 내용을 비판하는 댓글이 이어졌다.

광고는 실제 보험금 지급 사례를 소재로 삼아 제작되었다. 광고를 제작한 회사는 엄청난 금액의 보험금을 투명하게 지급한다는, 그리고 보험사의 투명하고 건전한 영업방침을 알리겠다는 순수한 의도에서 광고를 제작했을 것이다. 물론 가장이 사망했을 때 보험금을 지급하는 보험상품은 우리에게 반드시 필요한 것이다. 어느 날 갑자기 가장인 내가 죽는다면, 남겨진 아내와 자녀들의 불투명한 미래를 담보할 수 있는 무언가가 필요하다. 정말로 그런 일이 벌어진다면 맘 편할 아버지가 어디 있겠는가. 상상조차 하기 싫은 끔찍한 일들이 벌어질 게 불을 보듯 뻔하다. 한국 사회에서 경제적 능력이 없는 미망인의 생활은 그 자체가 큰 고난이다. 허망하게 가장을 잃고 슬픔에 빠진 가족들에게는 용기와 위안이 필요하다. 그리고 또 필요한 게 돈이다. 적어도 경제적으로 자립할 동안, 즉 5년 정도까지 충분히 생활할 수 있는 돈이 있어야 한다. 이 같은 보완 장치가 없다면 어떻게 될까? 아내는 생계비를 벌기 위해 고된 허드렛일로 하루하루 비정규 일용직 현장에 나서야 할 것이다. 아이들은 제대로 된 교육을 받을 수 없어 밝고 건강한 꿈을 꿀 수 없다. 어린 꿈나무들이 아버지도 없는 마당에 빈곤까지 겪어야 한다면 너무 참혹하다. 그만큼 생명보험의 중요성은 아무리 강조해도 지나치지 않다.

취지와 뜻이 그럼에도 광고를 시청한 아버지들은 못내 아쉬운 생각이 든다. 죽음 앞, 특히 마음으로 수용할 수 없는 내용의 광고라면 아무리 좋은 명분을 갖추었더라도 외면받을 수밖에 없다. 생명보험의 중요성을 알기 때문에 선뜻 비싼 비용을 들이면서 가입까지 했지만 '돈 버는 기계'로 전락했다는 자존심을 건드린다면 참을 수 없다. 이처럼 화내는 아버지를 두고 속이 좁다고 해야 할까, 돈 버는 기계라는 비유가 회자되는 세상을 탓해야 할까?

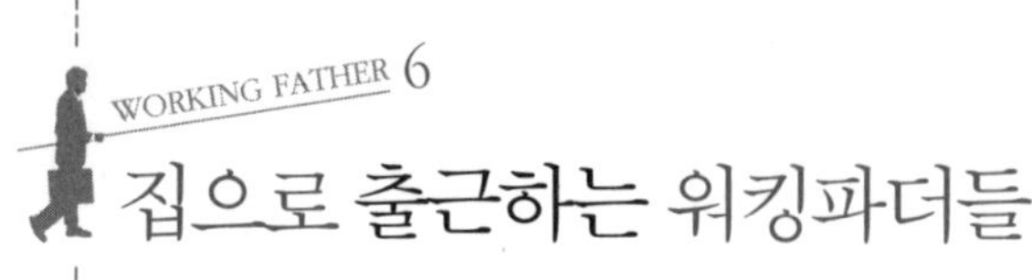

집으로 출근하는 워킹파더들

나는 기자라는 직업상 수없이 많은 사람들을 만나고 다닌다. 당연히 나의 취재원 중에는 평범한 직장인도 많다. 한번은 어떤 직장인과 함께 점심을 먹게 되었는데, 그와 이런저런 대화를 나누다 큰 충격을 받았다. 그의 말은 한마디로 이렇다.

"나는 회사에서 퇴근하여 집으로 다시 출근합니다."

어떤 직장인은 별명이 '하숙생' 이라고 불린단다. 간혹 '집에 들어가기 싫다' 거나 '아내가 멀리 출장이나 갔으면 좋겠다' 는 속내를 서슴없이 털어놓는 사람도 있다. 노동의 강도가 높아진 회사에서 업무를 마친 후, 가정에서 갖는 휴식의 목적은 심신의 안식에 있다. 그런데 상

황이 이 지경이니 그런 사람들은 정말 큰일이다. 가장들이 집에 들어

가는 일을 또 하나의 스트레스로 생각한다는 건 매우 심각한 문제다.

중소기업을 운영하는 40대 후반 백사장의 이야기를 소개하겠다.

단편적이긴 해도 그를 통해 우리나라 남자들이 집에 들어가기 싫어

하는 이유를 살펴보고자 한다. 미리 밝히자면 경제위기와 깊은 관련

이 있다.

WORKING FATHER

미국과 중동에 일반 소비재를 수출하는 백사장은 본인의 다리품을 팔아 해외 박람회까지
직접 찾아가 외국 바이어를 만나고 다닐 만큼 성실하다. 자녀들은 미국의 대학으로 유학을
보낸 상태다. 애지중지 키워 유학을 보낸 딸에게는 고급 승용차를 뽑아줬다. 아내와 자녀에
게 모든 것을 퍼주고 챙기는 자상한 아버지이지만 정작 백사장 자신은 회사에 출근할 때
버스를 이용한다. 옷차림도 특별한 일이 없는 한 회사 점퍼를 고집하고 허름한 식당에서
3,500원짜리 백반으로 허기를 채운다. 이렇게 열심히 일한 결과 한때 매출 100억 원대의
안정적인 사업을 운영하기도 했다. 잘 나가던 시절이라 큰 걱정이 없었다. 그런데 2008년
들어 문제가 불거졌다. 해외 소비시장이 죽으면서 수출도 줄어 매출이 50억 원 아래로 반
토막 났다. 게다가 신문에서만 듣던 유동성 위기까지 겹치게 되었다. 은행의 대출이 막히고
하청업체에 대금 지급도 미루어야 하는 현실이 그에게 찾아왔다. 사정이 이런데도 백사장
의 아내는 불만이 많다. "내가 지금까지 돈 한번 제대로 써봤냐?"면서 최근 위축된 회사 문
제는 아랑 곳 없이 불만만 늘어놓기 일쑤다. 딸에게 송금하는 돈마저 눈에 띄게 줄자 전화
로 들려오는 딸의 신세타령도 무섭다.
점점 집에 들어가기 싫어진다. 일이 꼬일수록 백사장은 집보다는 점점 더 워커홀릭의 나락
으로 빠져들 수밖에 없다. 자신도 모르는 사이 워커홀릭이 되어 버린 백사장, 아내와의 대
화가 단절되고 가족 사이의 불화만 커지고 있는 상태다.

○ ● ○

경제위기가 본격화되면 집에 들어가기는 일이 귀찮고 싫어지는 가장이 크게 늘어날 수 있다. 밖에서 터지고 안에서 시달리는 생활이라면 맘 편할 가장 세상에 하나도 없다. 직장에서 몰리고 가정에서 겉도는 아버지들이 많이 만들어질 수 있다는 점을 염두에 두기 바란다. 평소 가족과의 소통이 원활하지 않고 대화가 꽉 막힌 아버지들은 답답하기만 하다. 인력감축이네 감봉이네 등등의 문제가 눈앞에 있는데도 고민을 털어놓을 만한 상대가 없다. 하지만 그런 고민을 맘 편히 털어놓을 수 있는 상대, 탈출구가 있어야 한다. 물론 그 역할은 가족들 특히 아내의 몫이 크다.

동서양을 막론하고 책임감과 의무의 영역에서, 그리고 약자를 보호해야 한다는 명분에서 남성들이 짊어지고 가야 할 부분이 여성보다 더욱 컸던 게 사실이다. 물론 앞으로도 그럴 것이다. 그런데 이런 의무와 책임을 때때로 누군가가 함께 지고 가주어야 지치지 않고 오래 갈 수 있다. 겉으로 표현하지는 않으나 속으로는 '내 손을 좀 붙잡아 달라' 고 외치는지도 모른다.

소통은 언제나 열려 있어야 한다. 술 권하는 사회가 더욱 확산되고 취중 진담이 사회 문화로 자리 잡게 된 데에는 가정에서 소외된 아버지들이 크게 늘었기 때문이다. 아내와 아이들에게 위기 상황을 아무리 설명해도 이해하지 못할 거라고 워킹파더들은 스스로 한계선을 긋는다. 실물경제가 점점 힘들어질수록 워킹파더들의 속 역시 새까

맣게 타들어갈 것이다.

　워킹파더들의 딜레마는 의사소통을 제대로 시도해 보지 못한 채 스스로 의사소통이 안 될 것이라고 단정하는 데 있다. 용기 내어 마음속 큰 짐을 내려놓는 시도가 필요하다. 과거 아내에게 했던 사랑의 고백을 떠올려보라. 떨리는 맘으로 속내 털어놓던 기억들…. 오늘 아내에게 '내 손을 잡아 달라'고 조용히 고백하고 무거운 짐을 잠시 덜어보는 것도 좋다.

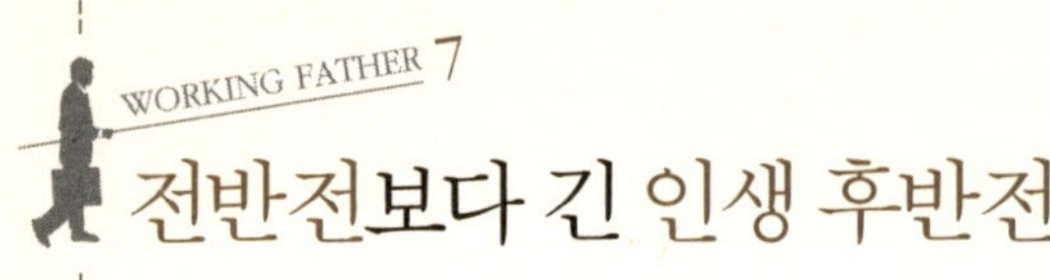

전반전보다 긴 인생 후반전

워킹파더들이 갖는 불안 가운데 가장 큰 자리를 차지하는 것은 무엇일까. 아마 일자리에 대한 걱정이 가장 클 것이다. 이야기를 좀더 구체적으로 풀어가 보겠다.

이미 우리 사회는 상시적인 구조조정의 시대로 접어들었다. 일자리에서 밀려날 퇴직 연령이 낮아졌다는 의미다. 이와는 반대로 노령화가 빠른 속도로 자리 잡으면서 회사 퇴직 후 생을 마감할 때까지 살아가야 할 시간이 크게 늘었다. 1905년 당시 우리나라의 평균수명은 남자 22.6세, 여자 24.4세에 불과했다. 지금과 비교해 보면 놀라운 결과다. 그러다가 1945년에는 남자 45.6세, 여자 50.7세가 되었고 1980년대에 70세를 넘어서면서 선진국 수준에 도달했다. 현재는 79.1세로 선진국 평균인 76.2세를 넘어섰다. 그렇다면 퇴직

이후 남게 된 시간이 문제다. 아직 살아가야 할 날이 많음에도 벌이가 쉽지 않으니 걱정되는 게 당연하다. 바로 이 같은 현상이 미래에 대한 불안감을 증폭시킨다. 현실이 이렇다 보니 가장들인 워킹파더들의 마음이 편할 수 없다. 급한 생각이 드는 게 당연하다. 여유 있고 아름다운 노후를 계획하기 위한, 당장 그 긴 시간 동안 무슨 일을 하고 어떻게 먹고 살아가야 할지 고민이 클 수밖에 없다. 돈 벌어 집 사고 자식 키우고, 고생할 만큼 고생했으니 자신만을 위한 아름다운 노후를 즐겨야 할 것이지만 실상은 어떻게 살아가야 할지 걱정이 앞선다.

잘 알려진 이야기지만 한때 '사오정', '오륙도' 라는 유행어가 있었다. '45세가 되면 정년퇴직을 해야 된다, 56세까지 회사에 남아 있으면 도둑' 이라는 뜻이다. 실제로 2006년 통계청의 조사에서 드러났듯이 우리나라 직장인의 평균 퇴직 연령은 54세로 나타났다. 54세도 실은 허수에 불과하다. 실제 정년퇴직자는 10명 중 1명꼴이라고 하니 말이다.

앞에서 잠시 밝혔듯이 우리나라 국민의 평균수명은 79.1세다. 순탄하게 직장생활을 하다 퇴직하더라도, 즉 55세 정년을 채웠더라도 은퇴 후 25년의 시간이 남는다는 계산이다. 앞으로 의학이 발달하고 잘 먹고 잘 사는 사회가 계속 이어진다면 100세 언저리까지 살다 죽는 사람도 꽤 많을 것이다. 이 경우 단순히 산술적으로 따지면 무려 50년이라는 어마어마한 기간이 은퇴 후에 남는 시간이다. 사람이 태어나 교육을 받고 결혼한 후 사회생활을 하다 곧바로 생을 마감하던 기간만큼의 시간이니 무척 길다. 따라서 이에 대한 계획과 관리가 필요하다. 그런데 워킹파더들은 준비가 별로 안 되어 있는 실정이다. 대부분의 사람들이 길고 긴 노후를 어떻게 하면 잘 보낼 수 있을지 고민만 한다. 물론 이때의 고민은 돈 버는 일에 대한 걱정이다.

한편으로 워킹파더들은 자신은 부모를 모시고 살지만 앞으로 자신이 자녀들에게 부양받을 수 없을지도 모른다는 불안함을 내심 갖고 있다. 나이 들어 자녀들에게 찬밥 신세를 당할 수도 있다는 불안이 마음에 있는 것 같다. 웬만한 남성들은 아내로부터 이런 이야기를 심심찮게 들어보았을 것이다. 물론 아내가 농담조로 툭 던지는 말이다.

"여보, 늙어서 곱게 살고 싶으면 젊었을 때 나한테 잘해!"

아이들은 또 어떤가. 부양에 대한 책임 의식은커녕 아버지와인 나와의 대화조차 정색을 한다. 여유 있고 행복한 인생 2막, 즉 노후를 준비하기 위해서는 경제적 여유뿐 아니라 새로운 삶에 대한 목표 설정과 함께 진정한 행복의 가치가 무엇인지도 곰곰이 따져봐야 하지만 워킹파더들은 도대체 겨를이 없다. 자기계발을 위한 준비를 비롯하여 생각해야 할 일이 한두 가지가 아니다. 그리고 현실을 생각해보면 이런 준비들이 사치품이다. 가정에서나 직장에서나 나만 동떨어져 소외된 것 같은 기분이 들고, 조기 퇴직과 노령화가 날로 확대될수록 마음의 여유를 가질 수도 없다.

그나마 직장이라도 있는 사람들은 행복한 편이다. 우리나라에는 집에서 놀고먹는 백수가장의 숫자가 100만 명에 이른다. 이제 막 대학을 졸업한 청년백수는 아직 시절이 젊으니 잠시 접어두자. 문제는 가정의 수장인 아버지들이 백수가 되어 그 숫자가 점점 누적되고 있다는 점이다. 조만간 이 문제 역시 사회적인 이슈로 부각되어 폭발할 가능성이 높다. 가장백수가 많은 사회는 절대 건강할 수 없다. 이런 현상이 심화된다면 이혼율 증가에도 직접적인 타격을 줄 게 뻔하다. 가장백수가 늘면 가정불화로 연결되게 마련이기 때문이다. 물론 그런 아버지를 둔 자녀의 인격 형성도 긍정적일 수 없다. 이런 분위기가 점점 확산된다면 국가의 생산 시스템에도 부정적인 영향을 줄 수밖에 없다. 기왕 백수 얘기가 나왔으니 신모씨의 사례를 통해 잠시 청년백수를 둔 워킹파더의 고민을 엿보기로 하자.

신씨는 요즘 발등에 불이 떨어졌다. 혼기가 꽉 찬 아들과 딸이 줄줄이 결혼을 준비하고 있는데, 결혼비용 마련이 여의치 않아 걱정이 태산이다. 적어도 결혼하는 아들에게는 전세금이라도 마련해 주어야겠기에 자신의 노후를 대비해서 준비해 둔 집을 처분하려 했다. 작은 집으로 이사 가고 남은 돈을 아들에게 주려고 계획했으나, 부동산시장이 완전히 얼어붙어 원하는 가격에 집을 팔 수 없다고 발만 동동 구른다. 돈이 꽁꽁 묶이게 되어 아들의 결혼식 날짜를 잡아야 하는데도 이러지도 저러지도 못한 채 마른 숨만 내쉰다. 신씨와 같은 처지에 있는 사람들은 노후를 잘 보내기 위해 모은 자산을 자식들을 위해 깨야 하는 부담이 있다.

○ ● ○

사실 우리나라 부모들은 아직도 자녀의 대학교육비를 지원해야 한다고 생각한다. 대학원 등록금은 기본이요, 결혼비용도 당연히 자기의 몫이라고 생각하는 부모들이 많다. 취업을 못해서 노는 늙은 자식들 용돈까지 부모가 지원해야 한단다.

혈연에 대한 정과 미덕이 넘치는 우리 사회이니 그렇다고 받아들여도 좋겠다. 하지만 이렇게 자녀들에게 모두 퍼주고 난 뒤 부모들 자신의 생활비는 스스로 해결한다는 경우가 두 명 중 한 명꼴이다. 노년 준비는커녕 계획조차 잡을 틈이 없다. 그저 아이들에게 퍼주고 일방적으로 헌신자 역할만 하다 삶을 마감할 수도 있다. 우리 사회에서 허리를 맡고 있는 워킹파더들의 자화상이다.

〈조강지처클럽〉에 나타난 워킹파더

지난해 〈조강지처클럽〉이라는 주말 드라마가 안방을 강타했다. 이 프로그램은 불륜으로 파탄 난 집안과 현대판 아줌마 신데렐라 스토리, 진정한 사랑을 확인하는 중년의 남녀, 뻔뻔함의 극치를 보여주는 캐릭터 등 많은 등장인물이 논란을 불러일으키며 시청률 대박을 기록했다. 나 역시 텔레비전의 유혹 앞에서 자유롭지 못한 터, 이 드라마를 가끔씩 즐겨 보다가 어느 순간부터는 왕시청자가 되어버렸다. 드라마 속에는 시대별로 나타나는 아버지의 군상들이 적나라하게 담겨 있다. 여느 드라마도 마찬가지겠으나 불륜이라는 큰 테마가 중심인데, 내용을 파악해 보면 나름 의미 있다. 등장인물들의 이름도 참 그럴싸하다.

〈조강지처클럽〉의 등장인물 중 최고 가장인 한심한(한진희 분)은 아내 안양순(김해숙 분)을 버리고 젊은 여자 복분자(이미연 분)와 딴살림을 차린다. 극 후반에는 세컨드와이프를 데리고 당당히 집으로 들어가 본처와 함께 살아간다. 전형적인 1세대 아버지 모습이다. 그리고 바람을 피운 정나미(변정민 분)와 이혼한 뒤 절망의 늪에 빠졌다가 사채에 시달리던 길억(손현주 분)은 암에 걸려 자살의 길에 나선다. 그러나 인생을 포기하려는 길억을 한복수(김혜선 분)가 구원의 손길을 내밀어 두 사람 관계는 극 후반 결혼 관계로까지 발전한다. 한편 한복수의 남편인 이기적(오대규 분)이 길억의 아내와 바람을 피우는데, 길억과 한복수의 관계는 갈등을 벌이다 애정 관계로 발전하는 게 흥밋거리다. 이 드라마의 하이라이트는 장남 한원수(안내상 분)가 조강지처인 아내를 구박하고 폭력까지 행사하며 내쫓은 후, 다른 여자를 집안으로 끌어들이는 부분이다. 요즘 남자치고는 배짱 두둑한 캐릭터다. 한마디로 드라마는 불륜으로 점철된 개판 집안을 적나라하게 모아 담았다.

한편 〈조강지처클럽〉은 이 책에서 말하는 1, 2, 3세대 아버지들의 고민과 문제를 고스란히 담아서 보여주었다. 집안의 최고 가장인 한심한은 필자의 또래가 익숙하게 생각하는 아버지 1세대 가운데 일그러진 사례 중 하나쯤 된다. 요즘 상식으로는 도대체 이해할 수 없는 캐릭터다. 여자에 한눈이 팔려 집을 나갔다가 수십 년이 지나 불구자가 된 상황에서 둘째 마누라를 데리고 집으로 들어와서는 본처와 함께 사니 참 대단하다. 이 인물은 과거 우리네 아버지들이 갖고 있던 무소불위 권위의 상징이다. 대가족 개념의 가족구조를 구성하는 상징적 리더인 셈이다. 이때의 권위는 도덕성을 반드시 요구하지 않았다. 그래서 불륜을 저지르고도 당당히 집에 들어갈 수 있었다.

한심한의 장남 한원수, 이기적, 길억 등은 2세대 아버지의 모습 가운데 왜곡된 인물상이다. 없는 살림에 열심히 공부하여 의대를 나와 성공한 캐릭터 이기적은 바람기가 많은데다 집안 배경이 좋은 동료 의사들과 자신을 비교하며 자괴감에 빠진다. 물론 그는 출세 욕심도 많다. 성공을 위해 물불 가리지 않는다. 나는 이기적의 아버지를 눈여겨보았는데, 그는 며느리인 한복수를 괴롭히면서 권위만 내세우는 대표적인 아버지 1세대다. 결국 이기적은 아버지의 모습 가운데 잘못된 권위를 보고 성장한 것이다. 아내까지 내버린 이기적의 달콤한 행복은 잠시, 점차 인생이 꼬여만 간다. 길억은 대표적인 2세대 아버지상이다. 열심히 일해서 아내, 자녀와 좋은 집에서 함께 살아보고자 노력한다. 그리고 '기러기아빠' 역할도 한다. 그런데 아내는 자신 몰래 다른 남자와 바람을 피운다. 길억은 가정을 지키기 위해 끝까지 노력하지만 무능한 자신을 탓한다. 그리고 자살을 하려다 구사일생으로 살아난다. 바로 워킹파더의 모습이다. 그는 1세대 아버지들이 누리던 권위를 내세우지 못하며, 가정에서 인정받지도 못하는 소심한 남성상으로 전락했다. 한원수의 경우 시청자들로부터 거센 욕을

Working Father

얻어먹으면서도 일말의 동정심을 유발했다. 그 이유는 이 캐릭터가 등장인물의 성격에 국한된 것이 아니라 변하는 시대상에서 나타난 돌연변이라는 점 때문이다. 문제는 3세대 아버지에 해당하는 극중 캐릭터들(한원수의 아들 철이, 이기적·한복수의 두 딸)이다. '잘못된 아버지상을 보고 자란 이들이 이상적인 3세대 아버지상을 만들어갈 수 있을까?' 라는 물음을 갖게 된다. 이기적의 두 딸 역시 성장 후 배우자를 선택할 때 큰 고민에 빠질 게 뻔하다. 어쩌면 한원수의 막내아들인 한선수가 3세대 아버지의 이상적인 모습으로서 작가가 보여주고 싶은 인물일 것이다. 많이 배우지는 못했으나 소박하고 소신 있게 삶을 꾸려가고, 착한 아내를 만나 주변 사람들에게 애정 어린 배려를 베풀기 때문이다. 나는 드라마를 통해 오늘날 워킹파더들이 '아버지의 권위가 실종된 이 시대에 올바른 아버지상을 만들어가야 하는 부담' 까지 안고 있음을 보았다.

용어해설

- 워킹파더 | 'Hard-Working Father'를 줄인 말로, '고난의 아버지'라는 뜻이다.
- 낀 세대 | 현재 30대 중반에서 40대 후반에 있는 사람들로서 혹자는 이들을 구분하는 가장 쉬운 기준으로 국민학교와 초등학교를 모두 경험한, 즉 국민학교에 입학해 초등학교를 졸업한 것(1983년–빠른 1990년생)을 기준 삼는다. 혹자는 부모를 모시는 마지막 세대이자, 자녀들에게 모든 것을 쏟아 부어 자신을 위한 준비가 부족한 세대라고 말한다.
- IMF 세대 | 1997년 IMF 외환위기 당시 대학을 졸업했거나 취업 준비 중에 있던 사람들이다. 조금 넓게 보자면 이들을 중심으로 89, 90, 92, 93학번까지 아우르는 말이기도 하다. 유순하의 장편소설 《91학번》이 널리 회자되기도 했다.

고난의 아버지, 워킹파더의 특징

- 외환위기 1세대 91학번부터 당시 부장급 선에 있던 이들
- 10여 년 사이 경제위기 연쇄 직면
- 외환위기를 극복하고 재기에 성공했으나 다시 위기에 처함
- 구조조정을 겪었으며 국내 재테크 열풍의 주역으로 등장
- 부동산 과열 이슈가 될 정도의 자산 형성에 주력
- 코스피 1,000과 2,000포인트 사이 롤러코스터 시대 경험
- 가계 안정의 책임이 과중하나, 집안에서의 권위를 잃음

백수가장 비율

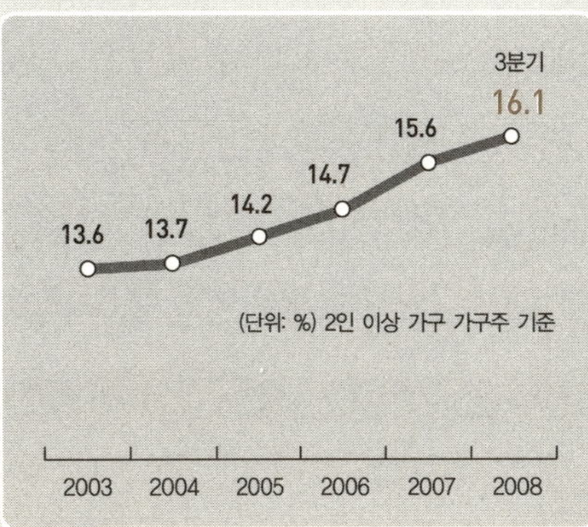

워킹파더와 경제이야기

Working Father

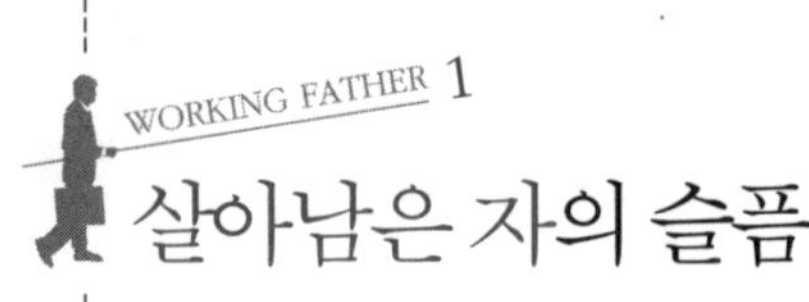

살아남은 자의 슬픔

W O R K I N G   F A T H E R

여의도 모 증권사 영업부 차장 홍씨. 그는 최근에 친인척은 물론 친구들조차 만나기가 두렵다. 과거 '어떤 종목에 투자해야 하느냐?'는 지인들의 질문에 간단히 대답해 준 것이 전부인데, 지금은 그들을 피해 다니느라 정신이 없다. 이런 경험은 외환위기 이후 처음이다. 홍씨는 "지인 만나기가 두려운 것은 물론 좋지 않은 수익률 때문에 회사에 나가기도 좌불안석입니다. 외환위기 때와 비슷한 상황이 재연되니까 당황스럽네요"라고 말한다.

○ ● ○

지난해 말부터 본격적으로 시작된 미국발 경제위기가 많은 워킹파더들을 한숨짓도록 만든다. 은행, 증권사 등 금융 종사자들은 물론 수많은 가장들이 지금 혼란에 빠져 있다. 1997년 외환위기 당시 구조조정의 기억이 다시금 머릿속에 생생히 떠올라 괴롭다. 잠시 외환위기 때의 통계를 보자.

1997년 말 2,103개였던 금융기관 중 12.6%에 해당하는 264개 기관이 1999년 8월 말까지 자산부채이전(P&A), 합병 또는 청산 등의 방식으로 정리됐다. 당시 은행 숫자는 모두 33개였는데, 그 가운데 27.3%에 해당하는 9개가 정리됐다. 이 과정에서 당연히 인력 구조조정도 이루어졌다. 기업 운영이 방만해서 어려운 시절을 견뎌내기 힘든 은행들이 모두 문을 닫았고 대우그룹 관련 계열사를 비롯하여 하이닉스 등 상당수 기업이 워크아웃에 들어가면서 구조조정의 삭풍이 불었다. 당시 인력 구조조정으로 회사를 떠나야 했던 사람들은 두고두고 기업경영을 방만하게 운영한 윗사람들에 대해 한을 품고 살았다. 불명예스럽게 회사를 떠난 사람들 중 상당수가 가족을 책임져야 하는 가장들이었다. 비록 어깨가 처진 아버지들이었지만 그들은 쉽게 무너지지 않았다. 아니 무너질 수 없었다. 그들은 작은 중소기업 이곳저곳으로 떠돌아다니다가 그것도 여의치 않으면 자영업으로 업종을 전환해서 열심히 살았다.

이들과 달리 구조조정에서 살아남은 사람들의 심정은 어땠을까? 당연히 짐을 정리한 후 회사에서 떠나는 동료들을 바라보며 뼈저린 미안함에 맘 편히 잠도 못 이루었을 것이다. 구조조정의 칼날을 겨우 피해 같은 업종에서 계속 종사해 온 사람들은 인력 구조조정으로 떠난 동료들에 대해 지금까지 미안한 마음으로 살아왔다. 살아남은 자의 슬픔쯤 될 것이다.

당시의 아픔이 치유되었는가 싶었는데, 두 번째 위기가 우리 생활 곳곳으로 파고들었다. 과거의 슬픔을 극복하고자, 정상적인 생활을 되찾고자 끊임없이 노력해 온 생존자들은 또다시 살아남기 위한 혈투를 벌여야 할 현실에 있다. 인생이라는 게임에서 살아남기 위해 동료들과 경쟁해야 한다는 건 말로 설명하기 힘들 만큼 괴로운 일이다. 이미 한번 겪어본 터라 그 사실을 너무도 잘 안다. 하지만 내가 살아남으려면 상대가 누구이든 간에 반드시 이겨야 하는, 물러설 수도 없고 패를 던져 기권할 수도 없는 잔인한 게임이 지금 진행되고 있다. 문제는 이 같은 게임을 10년 사이 두 번이나 겪어야 한다는 현실이다. 다들 너무나 고달픈 삶을 산다. 특히 가장의 위치에 있는 남자라면 가족에게조차 속내 털어놓을 수 없는 중압감이 크다. 그걸 어떻게 말로 설명하랴.

2008년 하반기 이후 주가가 미친 듯이 폭락하면서 여의도 증권가에 찬바람이 불고 있는데, 투자심리가 크게 악화되어 주식투자가 이뤄지지 않게 되면서 증권사들은 수익 면에서 어려움을 겪고 있다고 한다. 그리고 감원 돌풍이 본격적으로 불기 시작했다. 1997년 외환위기 사태를 보내는 등 산전수전 모두 겪은 국내 증권맨들에게 이번 사태는 더욱 큰 고통이다. 2007년 기대 이상의 활황으로 새로운 도약을 꿈꿨던 그들에게 최근 불황은 잊고 지내던 악몽을 다시 떠올리도록 만든다. 고통을 아는 만큼 그에 대한 두려움이 큰 셈이다. 모 증권사의 영업담당자는 이렇게 털어놓았다.

"10년 이상 증권업에서 종사해 왔는데 지금처럼 어려운 시기는 처음입니다. 마치 IMF의 악몽이 찾아오는 듯해 답답하네요."

그뿐만이 아니다. 설마 하던 명예퇴직이 다시 건설, 자동차, 금융, 전자 등 모든 업종으로 빠르게 번지고 있다. 이들 분야에서 근무 중인 부장급 이상 워킹파더들은 이미 10여 년 전 러시아 룰렛 게임에서 살아남은 경험이 있다. 그런데 동료들과 또다시 잔인한 게임을 벌여야 할지도 모른다는 괴로움 때문에 마음 편할 날이 없다. 일반적으로 명예퇴직 1순위는 40대 중반을 넘긴 부장급 이상 간부가 주요 대상이다. 통보 방식도 아주 냉정하다. 얼굴 대면도 아닌 휴대전화나 이메일 한 통으로 모든 상황이 종료다. 참으로 잔인하다는 생각이 든다. 워킹파더들의 머릿속을 지배하는 심리적 공포가 휘몰아치고 있다.

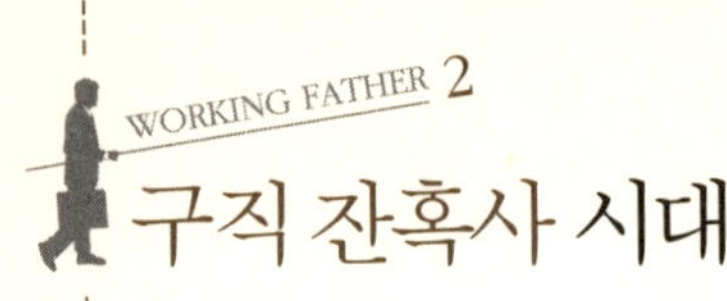

구직 잔혹사 시대

'도대체 사람을 뽑기는 하는 건가? 일하고 싶어도 일자리가 없다!'

2008년 말부터 시작된 '고용 한파'를 두고 하는 말이다. 경기침체
가 본격화되면 기업은 가장 먼저 각종 관리 및 생산비용 절감을 카드
로 꺼낸다. 그 다음 단계가 생산 감축에 따른 인력 구조조정이다. 이
같은 인력 감축을 미국, 유럽 등 선진국 글로벌 기업들이 대규모로
단행하기 시작하면서 우리나라 기업에서도 2008년 11월부터 본격적
인 구조조정의 칼날이 난무했다. 그러나 더욱 심각한 문제가 있다.
다름 아닌 이와 같은 감원의 폭풍우가 2009년 들어 더욱 거세질 거라
는 전망이 지배적이기 때문이다. 실제로 대부분의 기업들이 신규 직
원 채용을 대폭 줄이거나 아예 계획조차 잡지 못하고 있는 실정에 있

다. 2009년 채용시장은 역대 최악이 될 거라는 의견도 많다. 일부 기업의 경우 명예퇴직 살생부까지 나돌고 있다는 소문이 무성하다.

일자리가 턱없이 줄고, 구직자가 쏟아져 나오는 상황이 되자 취업 청탁 역시 상대적으로 크게 늘고 있다. 모 대기업의 영업담당인 고부장은 최근 지인들로부터 세 건의 취업청탁을 받았다. 그가 명쾌하게 취업 문제를 해결할 수 있는 위치에 있는 건 아니지만 "지방에 계신 이웃 어른이나 지인들이 자기만 믿고 부탁하는 통에 청탁을 쉽게 뿌리치기가 힘드네요"라고 푸념이다. 사실 고부장도 내년이면 대학을 졸업하는 딸의 취업이 걱정되어 이리저리 청탁해 둔 상태다. 인사 청탁이 능력 위주의 경쟁사회에서 가장 나쁜 행위라는 것을 고부장은 잘 알지만, 바늘구멍보다 좁다는 취업의 관문을 뚫기 위해서는 수단과 방법을 가리지 않는 비신사적 행위가 난무하게 마련이다. 한마디로 '구직 잔혹사'라고 표현해도 어색하지 않을 정도다. 그래도 취업청탁을 받을 정도는 되니 고부장 형편은 낫다.

우리나라의 새벽 인력시장은 국내 최대 규모인 비정규직의 거대한 공급처 역할을 맡는다. 서울의 영등포, 북창동을 비롯하여 경기도 성남 일대의 새벽 인력시장에도 찬바람이 쌩쌩 불기는 마찬가지다. 북창동에서 수십 년 동안 일용직 사무실을 운영해 온 길모씨는 요즘의 분위기를 이렇게 전한다.

Working Father

"내가 수십 년 동안 이 바닥에서 살아왔지만 지금과 같은 불황을 겪어본 적은 한 번도 없어요. 차라리 지난 노무현 정부 때가 훨씬 좋았다고 봅니다. 요즘에는 일감이 없어서인지 고용주들 얼굴보기조차 힘들어서 구직자들이 울상이죠. 태반이 빈 손으로 돌아간답니다."

새벽 4시경 집에서 나와 아침 6~7시까지 일을 받지 못한 채 허탕을 치는 사람은 차가운 아침바람을 맞으며 집으로 돌아가야 한다는 얘기다.

재취업의 중앙 관문인 종합고용지원센터에도 실업자들의 발길이 끊이지 않는다. 이곳을 찾는 사람들은 다니던 직장에서 해고되어 실업수당을 받으러 오는 사람들로 붐빈다. 센터 등록 숫자가 느는 만큼 실업자 수 역시 늘고 있는 것으로 파악할 수 있다. 요즘 직장인들 사이에서는 '회사에서 잘리면 실업수당으로 몇 개월 버티면 된다' 는 말이 농담조로 회자되고 있다. 그런데 이곳에서 만난 사람들에게 그런 농담을 던졌다가는 험한 꼴을 당할 수도 있다. 가족이 딸린 가장이 몇 개월 동안 얄팍한 실업수당으로 몇 달 버티며 살아간다는 건 정말 힘든 일이다. 만약 실업수당이 끊긴 뒤 직장이 제대로 잡히지 않으면 심리적 압박이 더욱 커질 게 분명하다. 실직 상태에 있다는 것은 본인의 자아실현이라는 상징적 노력이 희석된다는 걸 의미하기 때문에 개인적으로도 감당하기 힘든 일이다. 자기계발이나 재교육이 부족한 직장인들이 선택할 수 있는 대안은 생각보다 좁다. 다음은 서울지방 노동청 고용지원센터를 찾은 류모씨의 사례다.

몇 해 전만 해도 그는 대기업 광고회사에서 광고기획자(AE)로 근무했다. 그때는 정말 좋은 시절이었다. 그러다 2년 전, 류씨는 자기 사업을 하겠다고 무역회사를 차렸는데 이게 화근이 될 줄은 꿈에도 생각 못했다. 경험 부족에다 2007년 말부터 시작된 글로벌 경기침체로 무역량이 급감하자 회사를 닫고 구직활동에 나서야 했다. 그는 세 군데의 헤드헌터를 물색해 놓은 상태지만 그의 마음에 드는 제의가 단 한 건도 없었다. 그들은 한결같이 류씨의 적지 않은 나이에 부담을 느끼는 것 같다고 한단다. 경력직이더라도 취업시장에서는 '나이'가 가장 큰 걸림돌이다. 구인업체들이 경력직으로 제일 선호하는 연령대가 30대 중반 이하인 점을 고려할 때, 류씨의 고민은 깊을 수밖에 없다.

○ ● ○

현실적으로 류씨처럼 40대 중반에 접어든 사람이 사무직종을 찾기란 가능성이 희박한 일이다. 그래서 결국 40대 중반에서 50대 가장들이 자신의 눈높이를 낮추고 찾는 업종은 경비, 주차관리 등 단순노무직이다. 툭하면 회사를 그만 두겠다던 사람들조차 지금은 '인력 구조조정의 살생부 명단에 혹여 자신의 이름이 올라 있지는 않을까?' 노심초사하며 바짝 긴장하고 있다.

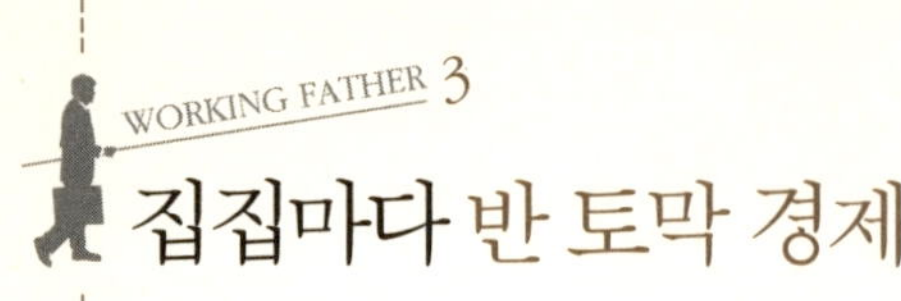

집집마다 반 토막 경제

펀드 반 토막! 집값마저 반 토막!

그런데 이 같은 폭락이 이제 겨우 시작이라니…. 순식간에 가난한 워킹파더로 추락한 직장인이 크게 늘었다. 그러나 딱 1년 전으로 되돌아가 보자. 당시만 해도 사정은 이랬다. 은행에 착실히 예금만 붓던 아내에게 "다른 사람들은 중국에 펀드를 투자하여 대박을 맛보았고, 회사 동료는 분당에 집을 사서 노후자금을 넉넉히 마련하고 있다. 우리도 펀드 가입을 서두르자"라고 종용하지 않았을까.

이런 목소리로 펀드 가입을 부추기던 남편들이 꽤 많았다. 그러나 많은 아내들이 남편의 얼굴 보는 일조차 밉상으로 생각할 수도 있다. 이런 모습은 지난해부터 익숙한 풍속도가 되어버렸다.

2008년 10월, 리먼브러더스 사태가 불거지기 전에도 이미 가계 부실에 대한 경고등은 여러 차례 신호를 보내주었다. 10월 위기 이후에도 설마 하는 마음에 주식과 부동산을 꽉 움켜쥐고 버티는 데까지 버티기를 멈추지 않았다. 현재 상황이 과거 외환위기 때와 전혀 다르다는 식으로 스스로를 위로하기도 했다. 하지만 그 결과는 어떻게 나났는가. 대한민국 사방팔방에 '깡통' 찬 가장들로 넘쳐났다.

그뿐만이 아니다. 가계자산의 붕괴가 빠른 속도로 확산되고 있는 현실이다. 우선 빚을 많이 진 가구가 상상을 초월할 정도로 많다. 10여 년 전과 지금의 가구당 평균 부채를 살펴보자. 1995년 말 우리나라 평균 가계부채는 1,100만 원이었지만, 최근에는 당시보다 네 배더 많은 4,000만 원대의 가계부채를 지고 있다는 통계다. 물론 10년 사이 꾸준히 오른 물가상승률도 고려해야 되겠지만 10년 전과 비교할 수 없을 만큼 빚이 크게 늘었다. 너도나도 집값이 오를 거라 믿고서 무리하게 대출을 끌어다 집을 산 것이 빚만 눈덩이로 늘게 한 주범이다. 버블 세븐 지역을 중심으로 가파른 집값 상승이 이어져왔지만, 지금은 오히려 그들 지역부터 시작해 근방으로까지 거품이 쭉 빠지고 있다. 이는 가정이 더욱 가난해짐을 의미한다. 국내 158만 가구의 경우 자산이나 소득보다 빚이 다섯 배 이상 많은 것으로 알려져 있다. 사정이 이렇다 보니 돈을 빌려 쓴 후 제때에 돈을 못 갚는 채무불이행자(옛 신용불량자) 문제가 이슈로 떠오를 가능성이 없지 않다. 우리나라의 채무불이행자는 2007년 11월 기준 248만 3,000명에 이른다. 채무불이행자 증가세는 세계적인 경기침체가 가속화될수록 꾸준히 상승세를 타면서 심각한 문제로 부각할 수 있다는 전망이 많다. 상황과 전망이 이러함에도 불구하고 사람들은 마음 한편에 자리 잡고 있는 낙관론을 버리지 못한다. 그 내용을 간단히 정리하면 다음과 같다.

'그동안 우리 경제가 몰라볼 만큼 성숙해졌고, 리스크 관리에도 충실했기 때문에 글로벌 위기가 오더라고 꿋꿋이 버텨낼 수 있다.'

이런 믿음을 갖게 된 이유를 살펴보면 이렇다. 우선 외환위기 당시 우리나라 기업과 은행의 재무구조는 매우 취약했다. 문어발식 확장에 열을 올리던 기업들의 부채비율이 424%에 이를 정도였으니 무슨 할 말이 있으랴. 그러나 지금은 국내 기업들 부채비율이 100%대 이하일 정도로 건전성을 확보한 탓에 든든하다. 은행들의 자본건전성도 양호한 편이다. 은행권의 BIS 비율은 2008년 1분기 기준 11%대로 높아졌다. 이렇듯 지난 시간 동안 우리가 위기관리 능력과 건전성을 충분히 쌓아왔기 때문에 이번 위기도 잘 이겨낼 것이라고 사람들은 확신한다. 아이슬란드를 비롯한 몇몇 나라들이 우리가 그랬던 것처럼 IMF에 자금을 긴급히 요청하고 미국과 유럽의 메이저 기업들이 감산체제로 돌아섬과 동시에 구조조정 및 대규모 인력감축을 한다는 소식을 접하면서도 먼 나라 이야기를 듣듯 무감각한 사람들이 있다.

　이런 와중에 펀드와 집값은 반 토막이 났다. 그래도 한줄기 실낱같은 낙관론으로 버티기를 일관해 왔다. 물론 근거도 없다. 그 사이 자영업자와 중소기업, 그리고 지방경제가 먼저 쓰러지기 시작했다. 장사가 안 돼 권리금을 포기하면서까지 내놓은 식당마저 매매가 끊기고 중소기업의 파산은 줄을 잇고 있다. 지방 경제도 파탄을 맞고 있지만 여론과 정부가 느끼는 체감도는 실물경제와 거리가 멀다. 언론과 중앙공무원, 그리고 식자층은 예나 지금이나 서울과 수도권의 동향에만 관심을 가질 뿐이니 말이다. 그런데 더욱 맥이 빠지도록 만드는 일은 본격적인 장기 침체 조짐이다. 경제 상황이 빠르게 악화되고 있음에도 불구하고 피부로 직접 느껴지는 한파의 속도가 더딘 이유는 국내 중·대형 기업들의 경쟁력이 그동안 방탄조끼 역할을 해주었기 때문이다. 그러나 이런 중·대형 기업들마저 이제는 한계 상황에 다다랐다.

　외환위기 이후 우리가 빠르게 재기할 수 있었던 이유는 두 가지다. 첫째, 당시 경제위기는 아시아에 국한되었을 뿐 유럽과 미국 등 주요 소비시장에서는 안정세를 유지했다. 아시아 국가들이 위기를 수습하고 난 뒤, 다시 수출을 통해 활로를 모색할 수 있는 글로벌 환경이 마련되어 있었다. 둘째, 환율이 급등하면서 수출 경쟁력까지 높아져 빠른 속도로 국가경쟁력을 끌어올릴 수 있는 운도 따라주었기 때문이다.

그러나 요즘 돌아가는 상황은 당시와 정반대다. 지금은 지구촌 전체가 경기침체의 늪에서 헤어나지 못하고 있다. 수출로 먹고 살아야 하는 우리 기업들의 활로가 막혔고 2007년 말까지 그나마 재고를 쌓으면서 버텨온 기업들도 한계 상황에 다다랐다고 아우성이다. 이는 기업들의 구조조정 시기가 임박했음을 의미한다. 구조조정의 절정은 바로 인력감축이다. 달리 표현하자면 많은 가장들, 특히 워킹파더들에게 큰 위기가 온 것이다. 실직의 공포와 맞서야 하는 워킹파더들의 어깨가 더욱 무거워질 게 눈에 선하다. 실직은 곧바로 가계의 주요 수입원인 월급의 원천봉쇄를 의미한다. 외환위기 때보다 더 살벌한 위기 앞에서 많은 가장들이 숨을 죽이고 있다.

요리에 '요' 자도 모르는데 웬 창업?

WORKING FATHER

얼마 전까지 국내 굴지의 금융기관에서 은행원으로 일하던 곽모씨는 이제 더 이상 물러설 곳이 없다. 곽씨는 그동안 은행으로부터 일한 대가로 퇴직금 2억 원을 받았다. 쉽게 만질 수 없는 목돈이었다. 곽씨는 그 돈으로 고기 음식점을 차렸지만 경기가 쉽게 풀리지 않아 2년도 못 버티고 식당을 폐업해야 했다. 수중에 건진 돈은 보증금과 권리금을 합쳐 5,000만 원. 이대로 물러설 수 없었던 곽씨가 다시 도전한 사업은 치킨점이었다. 그러나 억세게 운이 없었던 걸까. 하필이면 조류독감 광풍이 불어 치킨점은 망하고 말았다. 두 번째 사업에서도 실패하고 나니 그의 손에 떨어진 돈은 고작 2,000만 원, 한숨만 나왔다. 한때 빳빳하게 잘 다려진 와이셔츠와 반짝반짝 빛나는 구두를 신고 은행을 다니던 곽씨는 치밀한 계획 없이 불쑥 시작한 창업에서 호되게 박살난 후에야 뒤늦게 후회하고 있다.

○ ● ○

"에잇, 회사 때려치우고 장사나 할까보다."

"회사에서 잘리면 호프집이나 하나 열어 마음 편히 살아야지."

평소 위와 같은 대화를 입버릇처럼 말하는 사람들의 모습이 익숙하지 않은가. 이런 시대상이 반영된 걸까. 워킹파더들은 우리나라 자영업의 주요 세력으로 자리 잡고 있다. 그런데 자영업이나 창업을 우습게 봐서는 큰 코 다치기 십상이다. 자영업도 아무나 하는 게 아니란 말이다. 과거 외환위기를 거치면서 구조조정의 칼날에 무너진 화이트칼라 직장인들이 대거 자영업에 뛰어들었지만 그들의 성적표는 F학점이다. 예전 재정경제부 시절 고위직을 지내다 이명박 정부 초기 청와대에 발탁된 한 인사가 사석에서 이런 말을 했던 기억이 난다.

"서비스 업종의 문제가 심각합니다. 외환위기 이후 사무직에 종사하던 사람들 대다수가 호프집이나 치킨집을 열었죠. 일단 규모가 너무 작고, 더 큰 문제는 처음부터 요리에 '요' 자도 모르는 사람들이 식당을 여니까 맛에서 경쟁력이 떨어진다는 점이예요. 무엇보다 거래처로부터 대접이나 받고 살던 그들이 도대체 서비스 정신이 무엇인지 제대로 알기나 하겠습니까."

새겨서 들을 만한 얘기다. 오랫동안 사무직으로 일해 오면서 길들여져 있던 자신의 입맛이 기준이 된다는 말인데, 자기 입에만 맞는 음식을 만들어내니 손님이 늘어날 리 없다. 더구나 서비스 업종에서 가장 중요한 것은 손님에 대한 예의와 배려인데, 직장생활에 길들여져 대접만 받던 사람들이 과연 서비스 정신을 얼마나 실천하고 베풀 수 있을까. 그런데 안타까운 것은 경제가 다시 힘들어지자 자영업으로 생계를 이어가려는 분위기가 이곳저곳에서 감지되고 있다는 점이다. 당연한 이야기일 테지만 경기 상황이 안 좋아지면 기업의 구조조정이 나타날 게 뻔하다. 그런데 자기계발이 덜 된 직장인들이 퇴사 후 쉽게 뛰어드는 분야가 바로 자영업이다. 이미 자영업을 통해 잘 나가던 사람들도 힘들다며 쩔쩔매는 요즘 분위기인데, 준비가 부족하거나 심지어 안 되어 있는 상태에서 상황이 좋지 않다고 덜컥 창업에 나선다면 좋은 결과가 나올 수 없다. 참고로 두 가지 사례를 소개한다.

맹씨는 요즘이 최악의 시절이라고 말한다. 그는 회사를 다니다 기업 사정상 퇴직한 후 옷 가게를 열어 나름 열심히 노력했다. 덕분에 단골도 꽤 모았고 꾸준한 매출이 이어져 생계 걱정은 안 하고 살았다. 그렇지만 최근 다섯 달째 임대료가 밀렸다고 한숨이다. 2008년 초까지만 해도 월 600만 원 이상의 수입을 올리던 그는 2008년 중반 이후부터 불기 시작한 경제 한파의 여파로 월 매출이 절반 이하로 급감해서 울상이다. 문제는 매출이 반 토막 난 상황이지만 고정비 지출 부담은 과거와 변함없는 수준이라는 점에 있다. 임대료 50만 원과 공과금 25만 원, 아르바이트생 인건비 50만 원을 제하고 남는 이익은 겨우 60만 원 정도다. 그렇다고 이 돈 모두가 순이익이 아니다. 옷을 구입해 오는 비용을 결제해 주고 나면 오히려 매달 적자가 누적되고 있는 실정이다. 매장을 정리하고 싶어도 밀린 임대료를 임대 보증금에서 빼면 그가 손에 쥘 수 있는 돈은 고작 200만~300만 원 정도라 이러지도 저러지도 못해 걱정이다.

○ ● ○

3억 원이라는 적지 않은 퇴직금을 투자하여 오리고기 전문점을 연 황씨 또한 좋지 않은 결과를 냈다. 오리고기 전문점은 대부분 매장 평수가 넓은 편인데, 황씨도 330㎡(100평)의 매장을 권리금까지 주고서 임대했다. 그러나 인테리어 비용만 1억 원 이상 투자된 황씨 가게는 다섯 달을 넘기지 못하고서 문을 닫았다. 처음 가게를 오픈했을 당시만 해도 하루 매출이 300만 원에 달했지만, 조류인플루엔자 파동으로 오리고기 식당에 대한 소비자들의 발길이 뚝 끊기면서 하루 한 테이블의 손님 받기조차 힘든 날이 이어졌다. 황씨는 결국 투자비는커녕 권리금까지 포기하면서 가게를 접어야 했다. 그는 자신의 퇴직금 전부를 고스란히 쏟아 부었는데, 남은 재산이라곤 현재 살고 있는 아파트 한 채가 전부다.

○ ● ○

위에서 소개한 사례들은 눈여겨볼 만하다. 많은 사람들이 퇴직금이나 적금 등의 목돈이 생기면 자영업 사장님을 꿈꾼다. 실물경기도 그렇지만 전문성과 경험 부족, 거기에 전혀 예상하지 못한 서브프라임 모기지 사태나 조류인플루엔자 파동 등의 일이 터지면 말짱 헛일이 되기 십상이다. 어쩌면 간판업자의 배만 불리는 꼴이 될 수도 있다. 경제가 어려울수록 자영업자로 나서는 사람이 많아 새로 들어서는 가게의 간판 수요가 크게 늘어난다고 한다. 하지만 장사를 해보았자 금방 문을 닫게 되고, 누군가 그 가게의 낮은 권리금에 눈이 멀어 새로 입주한다. 간판 수요만 있는 것이다. 그렇다고 간판가게를 차릴 건 아니지 않은가.

우리나라 서비스 업종은 구멍가게 수준의 규모가 많다. 게다가 그런 가게들이 서로 과하게 경쟁하는 모습이다. 가히 '레드오션'이라고 부를 만하다. 한국은행에서는 2008년 10월 22일 〈생계형 서비스산업의 현황과 과제〉라는 보고서를 내놨다. 이 보고서를 들여다보면 우리나라 생계형 서비스 산업의 기형적인 구조를 적나라하게 파악할 수 있다. 보고서에 따르면, 인구 1,000명당 우리나라의 음식점, 수리업, 부동산중개업, 숙박업 등 생계형 서비스업체 수는 12.2개에 달한다. 인구 1,000명 가운에 12명이 서비스 업종에서 자영업을 운영한다는 소리다. 그런데 이 수치는 미국(1.8개)보다 7배, 가까운 일본(5.7개)에 비해서도 두 배 이상 많은 수준이다. 가전, 시계, 구두 등을 고치는 수리업은 우리나라가 1.9개인 반면 미국과 일본은 똑같이 0.8개를 기록했다. 부동산 중개업체 숫자는 한국이 1.5개로 일본(0.4개)과 미국(0.3개)보다 단연 앞섰다. 웬만한 가정집도 경제가 어려워지면 살던 집의 벽을 터서 조그맣게 식당을 여는 나라가 대한민국이다. 집값으로 열병을 앓고 있는 현실도 기형적일만큼 우후죽순 난립한 부동산 중개업체 숫자를 통해 확인할 수 있다. 소매업과 숙박업체 수 역시 일본, 미국에 비해 3~4배 높은 것으로 파악된다. 한 가지 재미있는 사실은 우리나라에 유행하는 게임방이나 노래방, 오락실, 대중목욕탕 등이 제외되었다는 점이다. 다른 나라에서는 찾아보기 힘든 업종이기 때문에 비교에서 제외된 듯싶다. 큰 도로와 골목길 곳곳에 널려 있는 이런 업종까지 모두 포함하면 자영업이 과도하게 많다.

문제는 과열 경쟁구도뿐 아니라 이익구조도 열악하다는 점에 있다. 자영업에 뛰어들려는 사람이 많은 반면에 전문성은 턱없이 부족해 서비스 가격이 낮게 책정될 수밖에 없다. 그렇다 보니 자기 살 깎아먹기 식 운영이 되고 장사가 흥할 수 없다. 많이 망하고 많이 생기고 있는 구조가 반복된다. 자영업도 업종 내 대수술이 불가피하다는 진단은 결코 허언이 아니다.

불황으로 업종 전환에 나선 사람들의 경우를 보더라도 특수조차 누리지 못하는 일이 많다. 이모씨는 저렴한 창업비용과 비용부담이 없는 단가가 매력적이라는 이유로 기존 피자배달 전문점을 분식점으로 과감히 바꿨다. 그러나 업종 전환 특수를 하나도 누리지 못했다. 분식점 운영 하루 매출이 15만 원 정도라는데, 이것저것 빼고 나면 네 식구가 살아가기에 턱없이 부족한 돈이다.

그렇다면 자영업을 하지 말라는 얘기인가? 당장 어려움이 닥치면 길거리에 좌판이라도 펴고서 어떤 물건이라도 팔아야 하는데, 어쩌란 말인가. 나는 자영업을 준비 중인 사람들을 말리려는 게 아니다. 그러니 오해하지 말기를 바란다. 길에서 노점을 하더라도 철저하면서도 착실한 준비가 필요하다는 것을 강조하기 위해 내가 알고 있는 다소 부정적인 사례들을 소개했다. 다시 강조하지만 기왕 자영업에 뛰어들겠다고 마음을 굳혔다면 착실한 준비가 필요하다. 우리나라에서의 창업은 생계형이 전체 가운데 79%를 차지한다. 이 중 경험이 없는 사람의 비중이 64%에 달한다는 조사결과가 있다. 창업 준비 기간도 3개월 미만이 45.8%에 이르고 평균 준비 기간은 8개월에 머물고 만다. 창업해서 성공한 사람들을 살펴보면 평균 1~2년 동안 치밀하게 준비해 온 결과를 누리는 것임을 금세 알 수 있다.

어려운 경제 상황 때문에 혹 지금 이 시간 사무실에서 자영업을 심각하게 고민 중인 워킹파더라면, 요리에 '요' 자 정도는 알고 덤벼야 승산이 있음을 알아야 하겠다.

중산층은 장밋빛 꿈

당연한 결과겠지만 지금처럼 경제가 힘든 시기에 가난한 아버지가 대량으로 쏟아진다. 앞에서도 밝혔지만 주식과 부동산 시장이 붕괴되면서 가난한 아빠들의 양산이 더욱 가속화되고 있다. 겉으로 보기에는 멀쩡한 중대형 아파트에 거주하며 나름 중산층이라는 자부심을 갖고 살지만 속사정을 들여다보면 그렇지 않다. 펀드에 투자한 원금은 반 토막 난 지 오래고, 아파트 값도 일부 지역의 경우 절반 수준으로 떨어졌다. 이런 와중에 매월 지불해야 하는 대출이자는 쥐꼬리만한 월급으로 메우기조차 버겁다. 그렇잖아도 넉넉지 못한 살림살이가 쪼들릴 대로 쪼들려 한숨만 나온다. 겉만 그럴싸할 뿐 실상은 매달 빚을 갚으며 사는 '집 가진 서민'에 불과한 워킹파더들의 모습이다.

경기도 부천에 사는 권모씨의 얘기다. 그는 2007년 초까지만 해도 스스로 중산층이라 생각하며 살았다. 1억 5,000만 원 대출을 끼고 5억 원짜리 아파트를 장만하게 된 권씨. 그는 별도로 월세를 내면서 프랜차이즈 호프집을 운영해 왔다. 슬하에 아들 하나를 둔 권씨는 아이가 피아노학원과 영어학원에 갈 정도의 여유는 있었다. 그러나 경기가 점점 위축되면서 손님이 눈에 띌 정도로 떨어져 수입이 절반으로 줄자 당황스럽다. 그렇다고 권씨에게 마땅한 대안이 있는 것도 아닌 듯하다. 아이의 교육비와 기본적인 씀씀이를 줄이자니 기존에 생활하던 규모와 습관이 있어서 쉽지 않다.

○ ● ○

지금 이 글을 읽고 있는 독자 여러분은 스스로 중산층이라고 생각하는가. 사실 우리나라에서는 중산층에 대한 개념이 모호한 편인데, 주변 사람들에게 물어보면 스스로 중산층이라고 생각하는 사람들이 생각보다 많다. 국민소득이 2만 달러 수준에 이르자 사람들은 착각에 빠졌다. 소비 성향은 선진국과 엇비슷한 수준이거나, 심지어 그보다 높아져 그런 착각에 빠지기 쉽다. 그러나 전체 소득 가운데 매월 꼬박꼬박 지출해야 하는 고정비를 제하고 나면 자신이 실제로 사용할 수 있는 돈은 얼마 되지 않을 것이다. 여유롭게까지는 아니더라도 흔들림 없이 가계를 운영하면서 사용할 수 있는 돈이 얼마나 될지는 주판알을 꼼꼼하게 튕겨봐야 안다. 2007년 삼성경제연구소가 실시한 우리나라 중산층의 전형적인 모델은 이렇다.

"대학을 졸업한 후 직장생활 연차는 10년. 월 평균 수입은 300만 원 이상이다. 연봉으로 따지면 4,000만~5,000만 원 수준. 99㎡(30평 대)대 아파트에서 살며 2,000CC급 중형차를 굴린다. 부부가 함께 맞벌이를 하고 정치적 성향은 비교적 보수적이다. 현재 상황에 만족하는 편은 아니지만 앞으로 좋아질 거라는 희망을 갖고 있다."

문제는 우리나라 계층 구조가 큰 변화를 맞고 있다는 점이다. 먹고 살만한 계층으로 분류되는 중산층이 눈에 띄게 줄고 있는 가운데, 상대적으로 중산층에서 빈곤층으로 추락한 사람들 숫자가 빠른 속도로 늘어 가는 형국이다. 중간 허리층이 붕괴되면서 계층의 양극화가 심화되고 있다는 걱정도 많다. 어떤 사회건 피라미드 구조보다는 항아리형 구조가 이상적인 모델이다. 중간 허리층이 두툼해야 건강하다는 얘기다. 안타깝게도 우리 사회는 현재 중간 계층이 빠른 속도로 가난해지고 있다.

한국개발연구원(KDI)이 2008년에 내놓은 〈중산층의 정의와 추정〉 보고서는 알 만한 전문가들 사이에서는 신선한 충격을 주었다. 보고서의 핵심은 중산층 비중이 10년 사이에 10%나 줄었다는 데 있다. 도대체 얼마나 줄었을까. 약 10년 동안 중산층에서 빈곤층으로 전락한 가구는 무려 7%에 달하는 반면, 상류층으로 신분이 상승한 가구는 3%에 그친다고 보고서가 전한다. 중산층을 실제 경제생활에 사용

가능한 가처분소득 기준으로 따져보면 1996년 68.5% 수준에서 2000 년 61.9%, 2006년에는 58.5%로 하락 행진을 계속 이어갔다. 저소득 층(하위 20%)의 소득점유율은 1996년 7.9%에서 2000년 6.2%로 떨어 졌다가 2006년 5.7%로 하락세를 면치 못하고 있는데, 시사하는 바가 크다.

겨울방학을 맞은 아이들과 함께 스키장에 다녀오고 저녁이면 집 근처 괜찮은 패밀리레스토랑에 가서 저녁 식사를 한 뒤 집으로 돌아 와 아내와 가벼운 와인 한 잔 정도 나눌 수 있는 생활…. 한 폭의 그림 이 연상되듯 눈에 선하다. 사실 이런 모습을 중산층의 전형이라고 생 각하는 사람들이 많다. 그러나 현실은 어떨까. 스키장 대신 근처 눈 썰매장에서 놀고 근사한 식사 대신 싸고 맛있는 음식점을 찾는 게 2009년 대한민국 중산층의 모습이 아닐까 싶다. 마음만 중산층이라 는 말이다. 바로 이 부분에서도 워킹파더들의 고민이 숨어 있다. 우 리 사회는 유난히 주변의 시선을 많이 의식하는 데 익숙하다. 게다가 한국 사람들의 사치 성향까지 작용한다. 이렇듯 대내외적인 시선과 성향을 고려하면 워킹파더들의 스트레스는 이만저만이 아니다. 주변 사람들에게 없어 보이지 않기 위해 백화점을 자주 이용하는 척, 더 좋은 차를 굴리는 척, 좋은 식당에 들르는 척하는 모습으로 살아가는 모습이 적지 않다.

　　중산층은 한 나라의 중심이며 사회를 유지해 주는 안전판 역할을 한다. 현재 생활에 어느 정도 만족한다면 정서적으로도 안정되어 건전한 사회문화를 유지, 유도할 수 있다. 더욱 중요한 것은 중산층이 미래에 대한 낙관적인 의지를 갖고 있다는 점이다. 현재 삶보다 더 나은 상류층으로 도약하겠다는 의지가 매우 강해 늘 자신감 넘치는 삶을 살아간다. 바로 이런 점에서 중산층이 많으면 많을수록 그 사회가 건강할 수밖에 없다. 그러나 중산층의 붕괴는 사람들의 마음, 특히 워킹파더들의 마음을 공허하게 만든다. 아무리 어려워도 힘든 내색 없이 앞만 보고 살아왔건만 '내 신세는 여전히 서민층에서 못 벗어났다'는 패배의식을 가질 수 있기 때문이다.

상류층도 피하지 못한 이기의 덫

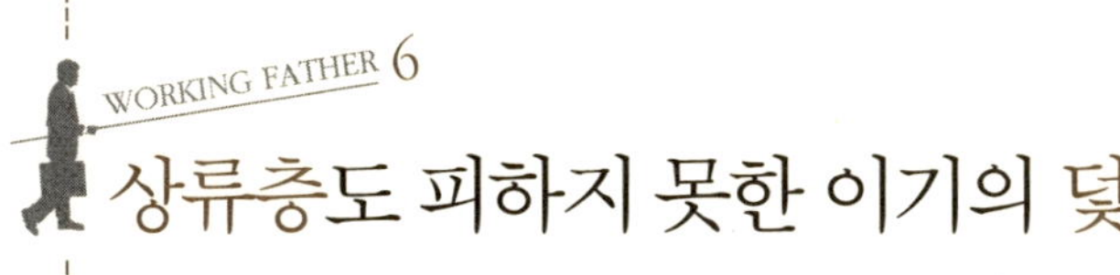

WORKING FATHER

모 대기업의 임원인 오상무. 그는 1년 전만 해도 모두가 부러워했고 스스로도 매우 행복했다. 10억 원이 훌쩍 넘는 132㎡(40평)대 아파트와 억대 연봉, 그리고 수억 원대의 현금과 주식도 갖고 있었다. 그러나 분양가가 15억 원이 넘는 강남의 한 아파트를 분양받은 것이 불행의 시작이었다. 2007년 말 그는, 새 정부가 들어서면 부동산경기가 살아날 것으로 기대했다. 이에 앞으로 전망이 밝다고 보이는 대형 아파트를 하나 분양받았다. 그러나 2008년 들어 일이 하나씩 꼬여가기 시작했다.

경기가 침체되고 부동산경기가 나락으로 떨어지는 가운데 글로벌 자금경색이 현실화되자 오상무는 두려움을 갖기 시작했다. 아파트 계약금 납부는 보유 중이던 현금으로 가능했지만 3개월에 한 번씩 2억 원 안팎의 중도금을 넣기 위해 대출을 받기 시작했다. 부동산경기가 좋아지면 구입한 아파트 가격이 오를 수 있을 거라는 꿈은 환상에 불과했다. 아무리 살펴봐도 돌아가는 판세는 그가 원하는 방향과 반대로 움직였다. 그러다 대출 금리가 올라 부담이 되자 그는 급기야 아파트를 시세보다 1억 원 이상 싸게 내놓았다. 하지만 문의조차 없는 실정이란다. 아직 입주 때까지 7억 원 정도의 목돈이 필요한데 아파트는 팔리지 않는다. 더군다나 이제는 은행권에서의 추가 대출도 거의 불가능해졌다. 두 달 전에 치른 중도금은 반 토막이 난 주식을 처분해서 해결했다. 그나마 팔고 나서 주가가 더 빠져 위안을 삼고 있는 중이다. 설상가상으로 임원인사 시기가 코앞에 있는데 '요즘 경제 사정이 좋지 않아 혹시 중도하차하지 않을까?' 하는 불안이 그를 엄습한다.

○ ● ○

그동안 금융위기와 경기침체의 여파 속에서도 무풍지대로 여겨지던 억대 연봉의 대기업 임원들도 사정이 어렵기는 마찬가지인 모양이다. 그렇다고 어려운 생활을 쉽게 내색할 수 있는 것도 아니다. 명색이 대기업 임원인데다 주위에서 자신을 나름 상류층으로 보는 시선이 큰 부담이다. 사는 게 힘들다고 말하면 '잘 먹고 잘 사는 처지에 못 사는 사람들 앞에서 허세나 부리고 엄살 피운다'는 핀잔을 들을까봐 속사정을 편히 드러낼 수 없다. 또 다른 대기업에서 근무하는 송전무와 최이사의 사례를 보자.

송전무는 일명 '기러기아빠'다. 현재 미국에서 공부 중인 두 아들의 유학자금으로 매달 5,000달러씩 송금해 왔다. 그런데 최근 환율이 큰 폭으로 올라(500만 원에서 700만 원으로 증가) 200만 원이 추가로 들어간다고 울상이다. 아직 그 정도는 송전무에게 큰 어려움이 아니라지만, 그도 강남에 대출과 전세를 끼고 아파트를 사둔 일에 발목을 잡힐 줄은 꿈에도 몰랐다. 매달 꼬박꼬박 내야 하는 대출이자와 원금 등의 돈이 300만 원 정도 된다고 하니 허리띠를 졸라매도 답이 안 보인다. 송전무는 이런 부담들을 내려놓기 위해 이리저리 알아봤으나 아파트값이 시세보다 많이 저렴해도 팔릴 둥 말 둥하다는 답변만 듣고 다리에 힘이 풀려 되돌아왔다.

○ ● ○

최이사는 2008년 상반기 계열사 유상증자에 자신의 연봉만큼 참여했다. 당시 할인된 증자 가격이 '매력적'이라고 생각한 그는 1년 정도 지난 시점에서 보호예수 기간이 풀리면 목돈을 만질 수 있을 거라는 기대감에 한껏 고무되었다. 그러나 요즘 계열사 주가는 증자 가격의 딱 절반 수준으로 폭락해 평소 잘 마시지 않던 술을 다시 입에 대고 있다. 그는 "주변에서는 나를 보고 대기업 임원이라 별 걱정 없이 살 것처럼 생각하지만 주위를 둘러보면 이런저런 고민 없이 사는 동료들을 찾아보기가 쉽지 않습니다"라고 털어놓는다.

○ ● ○

기업들이 구조조정을 본격적으로 검토하면서 인사 역시 보수적으로 단행할 것으로 예상된다. 여기서 말하는 '보수적 단행'의 의미는 감봉 수준 정도를 말하는 것인데, 사실 그 정도에서 그친다면 그야말로 '감사(?)'한 처분이다. 웬만하면 당장 집으로 돌아가라는 의미로 이해하면 된다.

외환위기 때처럼 급속히 경기가 얼어붙었다가 이내 호황이 찾아오면 상류층의 투자 기회가 높아 계층의 양극화가 심화되게 마련어다. 그러나 '2008년 하반기부터 대한민국을 강타 중인 경기침체의 늪은 헤어나기 힘든 장기 불황으로 지속될 가능성이 높다'는 전망이 많다. 이른바 상류층으로 분류되는 사람들조차 장기 불황의 늪에서는 허리띠를 바짝 졸라매야 하는 살얼음판 같은 요즘이다.

워킹파더들에게 필요한 건 희망 메시지

신문을 들여다보면 웃음 지을 만한 이야기가 거의 없다. 각종 실물경제 지표는 부정적이고 여기에 심리적인 부담까지 더해져 뒤숭숭하다. 행복한 기사로 사람들을 위로해야 하는데, 그러지 못하는 것 같아 일말의 책임감도 느낀다. 어쨌든 또다시 찾아온 경제위기를 어떻게 넘어가야 할지 다들 고민이 크다. 새로운 역경을 알리는 경고등에 사람들은 몸을 움츠린다. 특히 생계 걱정이 앞설 수밖에 없는 워킹파더들의 고민은 말로 표현할 수 없을 것이다. 좀더 냉정히 따져보자. 사실 워킹파더들은 경제와 사회의 재건을 위해, 그리고 가정의 행복을 되찾고자 뼈를 깎는 고통을 감수하면서까지 거친 숨을 몰아쉬며 쉬지 않고 내달려왔다. 그런데 청천벽력과 같은 얘기가 또 들려오니 맥이 풀리고 한숨만 나온다. 살면서 그런 일은 두 번 다시 겪지 않을 거라 생각했건만 자꾸 옛 기억이 떠올라 마음이 불편해진다. 한편에서는 지금 상황이 기회라고 말하는 사람도 있긴 하다. 그러나 나는 이번 위기가 결코 기회라고 생각하지 않는다. 이번 태풍은 외환위기 때와는 차원이 다르다. 그만큼 파괴력이 크다. 달갑지 않은 얘기를 세 가지 정도 꺼내보겠다.

첫째, 자산가치 붕괴 면에서 살펴보겠다. 워킹파더들은 외환위기 이후 뼈를 깎는 절약과 재테크를 실천했다. 부동산, 주식 등 다양한 투자를 통해 자산 형성에 주력해 왔다. 그러나 공들여 쌓은 자산 가치가 최근 빠르게 하락하여 비싸게 구입한 아파트를 싼 값에 내놔야 하는 처지다. 주식시장도 마찬가지다 코스피지수가 툭하면 1,000포인트 아래로 내려간다. 포털 다음의 '아고라' 사이트는 이미 누리꾼들의 놀이터가 된 지 오래다. 경제 관련 사이버 논객 중 유명세를 탔던 미네르바는 코스피지수의 저점을 500포인트로 예견한 바 있는데, 이를 두고 거센 찬반 논쟁이 벌어진 바 있다. 사태가 심각해지자 정부가 그를 구속한 상태에 있는데, 미네르바가 추천한 책이 베스트셀러 대열에 낄 정도니 예견의 진위 여부를 떠나 사람들이 느끼는 체감경기가 안 좋은 건 분명해 보인다.

2008년 아주 잠시 2,000포인트를 돌파하던 때와 요즘을 비교하면 격세지감이 든다. 재테크의 중심축이던 주가 하락은 가계자산의 급속한 썰물 현상에 기름을 부은 격이다. 물론 많은 개미투자자들의 상실감과 좌절은 산처럼 커지고 있다.

둘째, 고용불안 확산은 이제부터가 시작일 것으로 보인다. 지금까지 겪은 자산 붕괴보다 더 큰 사회적 혼란과 심리적 패닉이 나타날 수 있다고 생각한다. 국내 대기업 부장급들은 벌써부터 임금 축소 또는 구조조정 여파가 혹여 자신에게 미치지 않을까 걱정이다. 경제가 어려워지면 기업의 실적도 악화된다. 이는 결과적으로 가계의 고정 수입인 월급이 깎인다는 것을 의미하기 때문에 위기감이 더욱 고조되고 있다. 일부 직장인들은 다른 회사를 알아보거나 창업 등으로도 눈을 돌리고 있는 상태다.

셋째, 가정 공동체의 불안정성이 확대, 심화될 수 있다. 상황이 이렇게 전개되면 가정이 흔들릴 수밖에 없는데, 결국 가정불화로 이어진다. 중산층의 이색 대명사가 된 기러기아빠들의 경우에는 긴 한숨만 쉰다. 일례로 굴지의 대기업에 다니는 장이사는 올해 임금이 3% 정도 올랐지만 실제 임금은 25% 깎여 울상이다. 미국에 자녀들을 보내 교육시키고 있는 그의 입장에서는 달러 급등이 골칫거리다. 미국으로 보내야 할 돈이 1년 전보다 300원 이상 올라(달러당 기준) 그렇잖아도 윤기 없는 얼굴에 주름만 늘어간다. 슬픈 얘기지만 어떤 기러기아빠는 아내와 아이들을 해외에 보내고 홀로 국내에 살다가 최근 경제가 더욱 어려워지자 압박을 견디지 못해 자살을 기도하기도 했다.

가정을 대표하고 나라 경제의 주역인 워킹파더들의 다짐과 분투가 요구되는 시점이다. 하지만 이들은 형체조차 알 수 없는 무시무시한 괴물과 맞서 두려움에 떨면서 동시에 개인적인 고뇌에 빠져 있다. 2009년 대한민국 정치·경제·사회·문화 등 가릴 것 없이 전반적인 위기의식이 아버지라는 이름 위에 무겁게 내려앉아 있기 때문이다.

사정이 이렇다고 물러설 수는 없다. 어디에서 희망을 찾아야 할까. 국가, 사회, 가계가 총체적인 어려움에 처할 때마다 사람들은 항상 단결을 얘기했다. 그리고 어려움을 이겨내는 데 도움이 되는 리더십을 원했다. 영웅을 갈망한 것이다. 나는 이 시대의 영웅으로 아버지를 떠올린다. 실직 위기에 처해 있으면서도 자녀들의 건강한 교육과 가정의 행복을 지키고자 고군분투하는 아버지들의 뚝심에서 희망을 엿본다. 하루에도 많은 사람을 만나고 다니는데, 평범한 아버지들의 모습과 일상에서 나는 종종 희망을 발견한다. 나는 이 시대 워킹파더들에게 감히 이런 말을 하고 싶다.

"오늘 하루도 힘드셨죠? 힘들고 외롭고 때로는 모든 짐 벗고 싶겠지만 한번 더 참고 견뎌냅시다. 뚝심과 배짱으로 어려움을 이겨냅시다. 당신과 같은 아버지들이 수없이 많고 그들 또한 희망을 버리지 않을 거라는 것에 위안을 삼읍시다. 이름도 얼굴도 모르지만 나도 당신처럼 힘든 시절을 견디고 있습니다. 우리 절대로 무너지지 맙시다.

혹 기회가 된다면 소주라도 한 잔 부딪히며 파이팅을 외칩시다."

산업의 역군이자 경제의 근간을 짊어지고 있는 워킹파더들은 응원의 메시지와 박수를 고대할 것이다. 경제의 핵이자 가정의 리더인 '가장'이 흔들려서는 안 된다. 그런 사회는 희망이 없다. 나는 10년 사이 두 번의 경제위기를 겪어야 하는 워킹파더들이 어떤 식으로든 이 위기를 잘 극복하리라 믿는다. 가계자산 붕괴, 구조조정 예고에 따른 고용불안, 가정 공동체 붕괴라는 시험대와 맞서고 있지만 여기서 힘없이 무너질 수는 없다.

외환위기 최악의 기록들 2009년에는?

IMF 당시 신기록

경제성장률	−5.4%
1달러 환율	1,995원
소비증가율	−11.8%
1인당 소득 증가율	−9.8%
주택가격 상승률	−11.8
임금상승률	−1.9%
실업자 수	165만 명
어음부도율	1.49%

자료: LG주간경제

실업자 및 실업률 추이

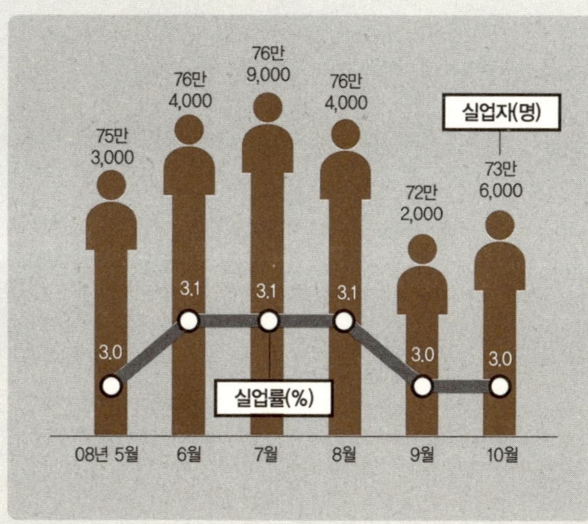

자료: 통계청

CHAPTER 3

워킹파더와 사회·문화이야기

Working Father

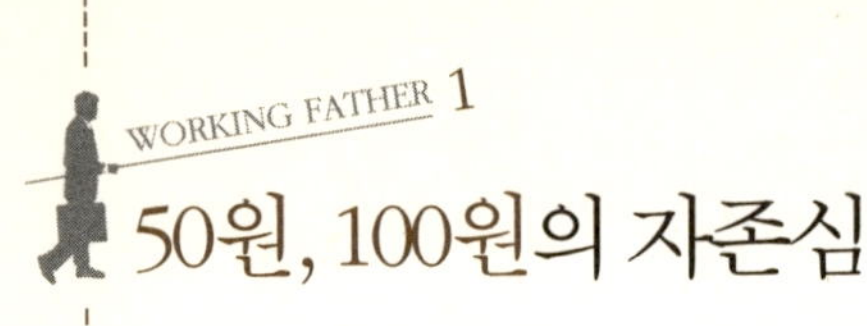

50원, 100원의 자존심

1990년대 중반, 나는 서울 신설동 부근의 식당에서 무료로 자원봉사를 한 경험이 있다. 일주일에 한번 오전 8시부터 나가 점심식사를 준비했다. 주로 밥을 짓고 채소를 다듬는 일이었다. 식사 시간이 되면 배식 코너로 나가서 사람들에게 밥과 반찬을 제공하고, 밥 먹은 자리가 비워지면 잰걸음으로 달려가 행주로 깨끗이 훔쳐내는 일도 내 몫이었다. 식사 손님이 줄 때쯤 되면 주방에서 설거지도 거들었다. 그 식당은 다름 아닌 노숙자들에게 무료로 식사를 배급해 주는 노숙자 전용 식당이었다. 경기불황으로 회사에서 퇴직하여 돈의 흐름이 꽉 막힌, 더구나 실의에 빠진 사람들이 길거리로 쏟아져 나와 노숙자들이 급팽창한 시기였다.

점심식사 배식 시간이 다가오면 이 식당 앞에는 수백 명이 한 줄로

길게 늘어서서 장사진을 이루었다. 무료 식사를 얻어먹기 위한 긴 줄을 보며 가슴 먹먹하던 기억이 아직도 생생하다. 당시 정부에서는 노숙자들이 기하급수적으로 늘자 사회안전망을 만들겠다는 계획을 발표했다. 노숙자들이 서울역을 비롯한 주변 지하철 역사와 근린공원으로까지 무더기로 쏟아져 나오자, 서울 전체가 슬럼가로 전락할 것이라는 우려가 높아졌기 때문이다. 노숙자가 많이 생겨난다는 것은 사회가 불안정하고 가정이 붕괴된다는 걸 의미한다. 따라서 각별한 대책이 필요했다. 그래서 이와 같은 민간 자원봉사 차원의 무료 급식소가 당시 빠른 속도로 확대되었다.

경제가 힘들어지자 노숙자들이 급팽창했는데 그 이유는 첫째, 개인이 감당할 수 없을 정도의 경제적 타격이 몰려왔기 때문이다. 그리고 두 번째 요인은 가족과 친족이라는 연대감이 과거보다 많이 느슨해졌다는 점이다. 이 부분을 깊이 생각해 볼 필요가 있다. 우리나라는 국가에서 지원하는 사회안전망이 취약한 편이다. 하지만 이런 문제를 보완할 수 있는, 눈에 보이지는 않으나 매우 특별한 사회안전망이라는 게 있었다. 바로 가족과 친족이다. 당장 나에게 어려움이 생기면 부모 또는 가까운 친척들이 발을 벗고 나서 전부는 아니더라도 일정 부분 도움을 제공해 주었던 게 사실이다. 돈을 빌려주거나 그것도 여의치 않으면 빈방이라도 제공하면서 노숙자로 전락하는 것을 방지해 왔다. 그러나 지금은 사정이 과거와 많이 달라졌다. 가족, 친족 사이라 할지라도 예전처럼 누군가 곤경에 처하면 끈끈하게 지원해 주는 모습이 느슨해졌다.

당시 식당을 찾는 사람들의 경력을 살펴보면 정말로 이채롭고 다양했다. 중소기업을 운영하다 빚에 쪼들려 도망 다니던 사람, 건설업종에서 근무하다 일용직까지 밀렸지만 새벽 인력시장에서조차 일감을 구할 수 없어 노숙자로 전락한 사람도 있었다. 우리가 상상할 수 없는 전문직 출신 노숙자가 적지 않음을 알고 나는 충격에 빠졌다. 서울의 어떤 대학교에서 미술을 가르치던 교수님도 식당의 단골로 종종 찾아왔다고 한다. 그는 무료급식에 대한 답례로 그림 하나를 식당에 기증해 주었다. 전직 교사나 변호사 출신도 노숙자 대열에 끼어 있었던 것으로 기억한다. 사실상 화이트칼라마저 경제가 힘들어지자 이곳까지 흘러오게 되었던 것이다.

나를 포함한 자원봉사자들은 홍수처럼 밀려드는 이들 노숙자에게 무료배식을 위한 준비와 배식, 그리고 청소를 하느라 그들과 충분한 대화를 나눌 시간조차 없이 바빴다. 눈코 뜰새없이 바쁜 시간을 보냈다. 그런데 이 식당에는 별난 규칙이 하나 있었다. 식당에 들어서서 배식 코너 앞에 서면 큼지막한 저금통이 하나 놓여 있었는데, 노숙자들은 배식 코너에 서서 밥을 기다리다 저금통 앞에 이르면 밥값을 지불했다. 얼마였을까? 기억이 가물가물하지만 50원인가 100원 정도의 동전을 밥값으로 지불하고 식판을 받아갔던 듯싶다. 나는 의아한 생각이 들었다. 그리고 식당을 운영하는 자원봉사자 주인에게 "돈도 없어 하루하루 겨우 연명하는 사람들에게 돈을 받으면 무료급식 봉사의 취지와 어긋나는 것 아니냐?"고 따져 물었다. 그런데 식당 운영자로부터 돌아온 대답은 나의 말문을 막기에 충분했다.

그들이 치르는 50원, 100원은 다름 아닌 그들의 자존심 값이라는 것이었다. "지금은 가진 돈도 없어 길거리에서 하루하루 살아가지만 남에게 공짜로 밥을 빌어먹을 정도로 본인이 초라하거나 패하지 않았다는 것을 지켜주기 위해 받는 돈"이라고 알려주었다.

노숙자로 전락하는 것은 순식간이다. 하지만 노숙자에서 다시 정상적인 생활로 되돌아가는 것은 더욱 어려운 과제다. 여러 가지 이유가 있지만 노숙자가 되고 나면 노숙 자체가 몸에 익숙해져 오히려 홀가분하고 편해진다고 한다. 정상적인 출근도 없고, 아무 때에나 잠을 자도 된다. 어디 그 뿐이랴. 신문지 한 장과 스티로폼만 있으면 세상 부러울 게 없다. 그러나 여기에 함정이 숨어 있다. 어디에나 누워도 되고 하루 소주 한 병 정도 깔 수 있는 구걸 자체가 거리낌 없이 받아들여지기 시작하는 순간, 노숙자 신세에서 평생 벗어날 수 없게 된다. 노숙자 문제를 해결하기 위해서는 그런 위치에서 벗어날 수 있다는 재활의지를 북돋워주는 게 급선무다. 당시 식당 관계자는 단순히 복지 차원의 무료급식만 했던 것이 아니었다. 비록 상징적인 의미이긴 해도 그들에게 밥을 내주며 자존심 값을 받았던 것이다. 잘 드러나지는 않으나 그들을 향한 깊은 배려가 깃들여 있음을 깨닫게 되었다.

　노숙자와 저소득층을 위해 무료급식을 제공하는 최후 보루 역할을 하던 이런 식당들도 요즘 다들 어려움을 호소한다. 무료급식소 운영자들은 한결같이 과거 외환위기 때보다 급식소를 운영하는 데 몇 배 더 어렵다고 목소리를 모은다. 서울 은평구, 영등포구, 구로구 등 몇몇 무료급식소를 찾는 사람들 중에는 무려 두 시간 정도 걸리는 거리를 지하철로 이동하며 끼니를 해결하는 사람도 있다. 그 중 고물 수집으로 하루하루 살아가는 사람을 만날 수 있었는데, 어쩐지 얼굴 표정이 좋지 않다. 내용을 들어보니 '원자재 가격이 폭등할 때에는 그나마 수입이 짭짤했으나 최근 철근, 플라스틱 등의 가격이 급락하면서 하루 1만 원 이상 올리던 수입이 절반 이하로 줄었기 때문' 이란다. 하루벌이가 5,000원 정도라는 말인데, 이 돈으로는 점심 한 끼 때우기조차 버겁다.

　이렇게 모두들 살기가 각박해지자 식당을 후원하는 손길도 크게 줄어 무료배식소가 사면초가의 위기에 몰렸다는 말들을 들으니 어쩐지 허전하다. 소외된 계층을 위해 그나마 음식재료 등을 무료로 공급해 주던 식당들의 연락이 끊기는 일도 벌어지고 있다. 자원봉사자 숫자도 눈에 띄게 줄었다. 대학생들의 경우 극심한 취업난에 시달려 식당으로 봉사하러 찾아오는 발길이 한산해졌다. 식자재 값도 만만치 않을 뿐 아니라, 각종 경제지표마저 부정적인 견해가 많아 많은 사람들의 심리가 위축되는 요즘이다. 이들 요인이 하나로 모아져 무료급식을 운영하는 데 큰 어려움으로 작용하고 있다. 몸과 마음이 덩달아 춥고 마음마저 헛헛한 겨울이다.

절망과 희망 사이의 웅크린 영웅

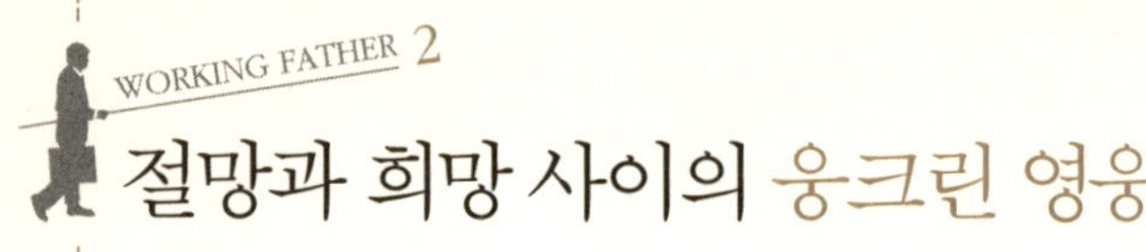

2008년 초 국내 모 일간지에서 '당신 인생의 롤 모델은 누구인가?' 라는 흥미로운 설문조사가 있었다. 그 대상으로 '아버지' 를 꼽은 사람이 가장 많았다. 비록 우리나라 상류층을 대상으로 조사한 설문이었지만 세종대왕이나 이순신 등 역사 속 인물이나 정주영, 잭 웰치 등 대기업 경영자들을 가뿐히 제치고 '나의 영웅은 아버지' 라고 답한 사람이 많았다는 게 눈길을 끈다. 1970~80년대 고속 성장의 주역이자 가정의 안정을 책임지던 1세대 아버지들은 막강한 권위를 갖춘 영웅이었다. 하지만 오늘날의 영웅 모습은 어떤가. 하늘을 날 수 있는 망토를 상실한 채 패배감과 자괴심에 빠져 있는 건 아닐까.

우리가 외환위기를 맞았을 때 청량제 같은 역할을 한 사람들이 있다. 다름 다닌 미국 메이저리거 박찬호와 LPGA를 뒤흔든 박세리 선수가 주인공이다. 두 사람은 당시 한 치 앞도 내다볼 수 없던 대한민국의 운명이 다시 한번 세계 속에서 도약할 수 있다는 인상을 모든 국민에게 심어주었다. 화무십일홍花無十日紅이라 했던가, 당시 그들의 영광은 현재 빛이 조금 바란 것이 사실이지만 여전히 두 스포츠 영웅은 우리들 마음속에 오기와 열정, 그리고 꿈을 심어준 인물로 남아 오랫동안 기억되고 있다.

한 나라가 어려움에 처했을 때 그 나라 국민들이 무의식적으로 찾는 게 바로 영웅이다. 박찬호와 박세리 선수 외에도 정치적·경제적으로 어려울 때마다 영웅 대접을 받으며 거론되는 인물이 있다. 바로 박정희 전 대통령이다. 한때 '박정희 신드롬'이 불거져 국내 여론을 뜨겁게 달궜다. 박 전 대통령은 일부 언론의 '대한민국의 역사 속 인물 중 복제하고 싶은 위인'을 묻는 설문조사에서 당당히 1위를 차지하기도 했다. 1961년 군사 쿠데타로 정권을 잡은 이후 18년 동안 장기 집권을 해오면서 민주주의 역사를 후퇴시켰다고 평가받아온 그가 죽은 지 18년이 지난 1997년에 폭발적인 신드롬을 불러일으킨 것을 어떻게 이해해야 할까. 어려움에 빠진 국민들은 강력한 카리스마를 원했다. 인간의 기본 권리인 먹고, 입고, 자는 문제를 해결해 줄 수 있는 확실한 해결사가 필요했다. 그런 영웅에게 기대고 싶은 것이 바로 힘든 시기 다수의 군중 심리다. 물론 이내 2010

년을 맞이할 대한민국 사회에서 또다시 박정희 신드롬이 크게 부각
될 것 같지는 않다.

　박정희 전 대통령의 트레이드마크는 '성장 제일주의'로 요약할
수 있다. 2007년 12월, 우리는 선진국 도약을 위해 성장 제일주의라
는 모토를 들고 스타로 떠오른 이명박 후보를 대통령으로 택했다.
이 대통령은 747 선거공약(7% 경제성장률, 국민소득 4만 달러, 세계 7대
강국)을 내세웠지만 당장 2008년 대한민국 경제는 저성장 국면이라
는 암초에 부딪혀 힘든 1년을 보내야 했다. 이명박 정부의 정책에
대한 옳고 그름을 떠나 미국발 금융위기 등 대외적인 악재가 지구촌
을 휩쓸었다는 점은 인정해 주고 넘어가야 할 부분이기도 하다. 힘
든 시기인 이때 최선을 다해 대한민국호를 잘 이끌어나가 주기 바랄
뿐이다.

　지극히 평범한 이 시대의 워킹파더들은 지금 그 누구보다 머릿속
이 복잡하다. 가족들이 그토록 갈구하는 영웅 역할을 해야 한다는 부
담도 있다. 이렇듯 대한민국에서 아버지로 살아가는 사람들은 두 가
지 고민에 빠져 있다. 먼저 '가정을 위해 열심히 살아온 나의 손에 남
은 것은 과연 무엇인가?'라는 회의감이다. 마치 영화 속 주인공 핸콕
과 같은 심리적 부재 상황을 앓고 있다고나 할까. 2008년 여름 극장
가를 장악한 슈퍼히어로 영화 〈핸콕 Hancock〉(피터 버그 감독, 윌 스미스 주

연)은 지금까지 등장한 영웅들과는 사뭇 다른 모습을 보여주었다. 이 걸출한 슈퍼히어로는 슈퍼맨, 배트맨, 스파이더맨 등이 갖고 있는 능력을 겸비했으며 잘생긴 외모에다 매너까지 뛰어나 일반인들의 찬사를 받기에 부족함이 없었다. 기억상실증에 걸려 있던 핸콕은 나중에 자신의 과거를 이해하고 진정한 영웅으로 거듭난다. 영화를 보신 분들은 알겠지만, 어쨌든 우리 시대의 아버지들도 핸콕의 상황과 비슷한 것이 아닐까 하는 생각을 가져본다. 가정과 국가 경제의 중심이며 보루인 아버지들이 급변하는 시대상과 바쁜 일상 속에 파묻혀 살다 보니 자신의 가치와 역할을 잊은 건 아니었을까.

또한 오늘날의 워킹파더들은 에너지 고갈 상태에 빠져 허우적대고 있다. 마치 시시포스Sisyphus 신화를 연상시킨다. 잘 아시다시피 시시포스는 신을 속인 죄 때문에 평생 동안 큰 바위를 산 정상까지 밀어 올리는 벌을 선고받았다. 그러나 정상에다 바위를 올려놓으면 다시 바위가 산 아래로 굴러 내려가는 바람에 바위를 산 위로 밀어 올리는 형벌을 계속 반복해야 한다. 생각만으로도 마음 답답해지는 굴레다. 어쩌면 지금 이 땅에 살고 있는 수많은 아버지들 역시 시시포스의 벌과 같은 짐을 짊어지고 있는 건 아닐까 싶다. 시시포스가 결론 나지 않는 형벌을 영원히 받아야 하듯 자신과의 외로운 싸움을 죽는 순간까지 벌여야 하기 때문이다. 한 가지 일이 진정되고 해결되는가 싶으면 또 다른 고비가 워킹파더들 눈앞에 떡 버티고 있는 모습이다. 재충전의 시간을 가질 만한 겨를조차 없다. 한 고비 넘으면 또 하나 넘어야 할 큰 산이 버티고 있는 그런 삶. 실생활에서 직접 느껴지는 경제침체가 바로 넘어야 할 큰 산이다. 그러나 아버지들은 누구 못지않게 강하다. 고비를 맞을 때마다 워킹파더들은 다시 똑바로 일어서야 할 의지가 시험대에 놓인 듯 차분히 대처한다. 지금도 시시포스는 다시 일어나 큰 바위를 굴리면서 산 정상을 향해 무거운 발을 떼듯이 아버지들도 벌떡 일어나 툭툭 털고 하루하루를 살아간다. 시시포스와 대한민국 워킹파더들에게 고난은 있어도, 절망은 없다.

자살 신드롬

"2007년 한햇동안 1만 2,174명 자살. 하루 평균 33.3명 꼴. 경제협력 개발기구^{OECD} 국가 중 인구 10만 명당 자살 사망률 5년 연속 1위…."

먼 나라 이야기가 아닌 우리의 현실이다. 200년 국내 주요 신문들은 대한민국의 자살 현상에 대한 헤드라인을 위와 같이 표현하여 보도했다. 우리나라가 세계적으로 유례없는 '자살공화국'이 되었다는 표현이 달갑지 않다. 고민과 좌절, 그리고 생활고가 삶을 짓누를 때 인간이 선택할 수 있는 마지막 길, 그것이 자살이다. 자살하는 사람이 많은 사회는 마지막 순간까지 다다랐음을 의미한다. 그런데 자살을 막기 위한 각종 계도에도 불구하고 스스로 목숨을 끊는 사람들의 숫자가 줄어들 조짐이 없다. 특히 2008년 하반기부터 누구도 말릴 수 없는 자살 바이러스가 우리나라에 퍼져가고 있다.

가만히 들여다보면 자살 증가율 역시 경기불황과 밀접한 관계가 있다. 실제로 우리나라 자살 사망자 수는 외환위기 직후인 1998년에 급격한 증가세를 보였다. 경제가 어려워지자 사람들은 스트레스에 시달렸고 마지막 선택지로 자살을 생각했다. 경제적 궁핍이 자살의 주요 원인이 되었던 것이다. 그러다 점차 외환위기의 어두운 터널에서 벗어나게 되자 자살률은 완만한 상승세로 꺾였다. 하지만 경제가 예전처럼 악화될 수 있다는 전망이 나오면서부터 다시 급등세를 보이고 있다.

남의 일 같지 않은 안타까운 사연도 많다. 최악의 상황으로 내몰리는 순간마다 고민 끝에 힘든 결정을 내려야 하는 기업의 사장, 임원들은 자살의 유혹을 받는다고 한다. 얼마 전 자살로서 생을 마감한 벤처기업 대표의 이야기가 사람들 사이에서 회자된 적이 있다.

"◇◇야! 원금이라도 건져보려고 애썼는데, 정말 미안하다. 죽음으로써 빚을 갚으매!"
서울의 모 호텔 객실에서 숨진 채 발견된 모 투자자문사 대표. 그가 죽기 직전 자신에게 돈을 맡긴 20여 명의 투자자에게 일일이 미안하다는 편지를 남겼는데, 그 내용 중 일부다. 벤처기업을 운영하면서 나름 자수성가하여 출세의 길을 걷고, 사회에 기부금을 10억 원 이상 낼 정도로 사회공헌 역할도 충실했던 그가 죽기 전에 생각한 건 무엇이었을까. 누구도 예상하지 못한 미국발 경제위기다 닥치자 자금 압박이 시작되고, 그 결과 투자원금마저 잃게 된 와중이었지만 어떻게든 문제를 해결하고자 고민하고 또 고민했을 것이다. 인간적인 고뇌와 서글픔이 전해지는 듯하다.

○ ● ○

　자살한 사람들의 데이터를 살펴보면 흥미로운 사실을 하나 발견할 수 있다. 국내 자살률 현황을 보면 여성보다 남성이 더 많이 목숨을 끊은 것으로 나타난다. 인구 10만 명당 남자 자살자 수가 31.5명인데 반해 여자는 18.1명으로 나타난다. 남성 자살자가 여성보다 훨씬 많다는 말인데, 남자들의 스트레스가 많긴 많은 모양이다. 그런데 한 가지 더 놀라운 사실이 있다. '자실을 생각해 보았느냐?' 는 질문에 '그렇다' 고 답한 사람들 숫자가 충격적일 만큼 많다. 간단하게 숫자로 표현하자면 100명 가운데 7명이 '최근 1년 동안 한 번 이상 자살을 생각해 본 적이 있다' 고 한다. 자살공화국이란 말을 실감할 수 있는 답변들이다.

　그렇다면 우리 사회에서 남성 자살자가 많은 이유는 뭘까. 이에 대한 답은 아버지들이 처한 위치에서 찾아볼 수도 있겠다. 남자들은 생존에 대한 본능과 가계에 대한 책임감이 크게 발달했다. 직장인이거나 자영업자이거나 가장이라면 다들 막중한 책임감을 느낀다. 그러다 보니 어떤 위기가 자신에게 엄습해 오면 본능적으로 예민한 반응을 보인다. 혹시라도 그런 위기에 내가 휘말리지 않을까 노심초사하면서 말이다. 가족에 대한 책임감은 반드시 살아남아야 한다는 생존의 본능을 부추기고 이는 자연스럽게 스트레스와 연결된다. 당연히 술과 담배가 늘고 나도 모르는 사이 몸 안에 병이 생긴다. 그러다 나쁜 상황이 나아지지 않거나 해결할 수 없는 지경에 이르면 용기를 잃고 마지막 방법으로 자살을 심각하게 고민한다. 오죽하면 죽음을 생각하겠는가마는 그만큼 마음을 짓누르는 중압감이 크다는 말이다. 다 먹고 살자는 노력이고 일인데, 한편으로 보면 인생 참 덧없다.

한시라도 내려놓을 수 없는 생계 부담은 남자들이 받는 각종 스트레스 중 당당히 상위에 올라 있을 것이다. '남자가 가정을 꾸렸으면 그런 고민을 갖는 게 당연한 일'이라는 식의 사회 분위기 또한 남자들에겐 그다지 달갑지 않은 암묵적 압박이다. 늘 열심히 살지만 그만큼 행복한지 여부는 알 수 없다. 이 같은 외부의 압박과 스트레스에서 자유로운 아버지는 내가 아는 한 거의 없으며 나 또한 그렇다.

그렇다면 스트레스에서 벗어나는 길은 무엇일까. 방법은 매우 간단하다. 스트레스를 풀면 된다. 뒤에서 다시 말하겠지만 대화와 스킨십이 스트레스를 푸는 데 좋은 해결책이다. 그러나 대한민국 남성들, 그리고 워킹파더들은 대화나 스킨십으로 스트레스를 해소하는 방법에 익숙지 않다. 특히 가부장적 권위 의식에 길들여져 있는 아버지들은 누군가의 위로와 치유의 손길을 받는다는 것 자체에 거부감이 많다. 솔직하게 털어놓고 대화할 상대가 없으니 외로움은 점점 더 커지고, 따뜻하고 부드러운 스킨십으로 위로받으려 해도 익숙하지 않은 어색함에 몸 둘 바 모른다. 결국 모든 일을 혼자 짊어지고 가야 한다는 생각에 부담만 늘어갈 뿐이다.

우리는 일본, 프랑스 같은 나라의 자살률이 우리보다 높을 것으로 생각하는데, 결과는 반대다. 현재 대한민국은 일본, 핀란드, 스위스, 영국, 프랑스보다도 높은 세계 최고의 자살률을 기록 중이다. 그 중 워킹파더들의 비율은 무시하지 못할 정도다.

다시 설문조사 얘기로 돌아가보자. 사람들이 자살하고 싶은 이유 중에는 단연 경제적 어려움을 포함하여 가정불화와 외로움 등의 항목이 상위에 꼽힌다. 특이한 사실은 빈곤이나 사업 실패 등처럼 자살의 직접적인 원인으로 생각되는 항목들이 자살 이유 순위 상위권에 들지 않았다는 점이다. 오히려 비관, 낙심, 가정불화 등의 항목이 자살을 충동하는 이유로 비중 있게 나타난다. 한마디로 생활고에 쪼들리고 실직한 후 이 문제가 가정불화로 이어지다 자기 자신에 대한 실망으로 번지면 정신적으로 패닉 상태에 빠진다. 이런 사람이 염세 비관주의자로 돌변할 가능성이 있는데, 탈출구가 없는 상황에 몰리면 자살을 선택한다.

얼마 전 30대 초반의 여성이 서울의 어떤 지하철역에서 어린 자녀 둘과 함께 달려오는 전동차에 뛰어든 비극이 발생했다. 내용인즉슨 남편이 건설 현장에서 일용직으로 일하다가 몸까지 다쳐 빚을 지게 되자 코너에 몰린 것이 목숨을 끊은 이유였다. 자신은 그렇다 치고 아무것도 모르는 아이들이 무슨 죄가 있는가 말이다. 아이들이 부모의 소유인 것처럼 생각하는 사회 분위기가 여전한 것 같아 안타깝다.
아무튼 이처럼 여성이나 노인, 젊은이들의 자살률도 무시할 수 없을
정도로 사회적 문제다. 그러나 회사에서 실직 당해 무능한 가장으로
전락한 아버지에서부터 이런 비극이 시작된다. 나도 능력 없는 아버
지가 될 수 있다는 공포감과 그에 따른 가정불화, 외로움, 게다가 앞
으로 내 가족에게 불행한 일이 벌어질 수도 있다는 생각들이 워킹파
더들의 잠재의식을 점령하고 있는 건 아닐는지 두렵다.

벙어리가 된 워킹파더들

워킹파더의 주인공은 이른바 민주화의 주역이라 불리던 386세대가 주축이다. 이들은 독재 정권 아래에서 숨죽이고 살던 세대와는 달리 당당하게 자신이 주장하고 싶은 바를 펼쳤다. 그런데 이처럼 괄괄했던 세대가 직장인으로 자리 잡고 한 집안의 가장이 되면서 말수가 줄었다. 과거보다 노동의 강도가 거세어진 직장 안에서는 살아남기 위해 몸부림쳤고, 상대적으로 가정에 소홀할 수밖에 없었다. 지금도 이들은 벙어리 냉가슴을 앓고 있다. 워킹파더 세대를 이렇게 두둔하면 여성들, 특히 아내들 입장에서는 서운한 생각이 들 수도 있겠다. 아내들은 '냉가슴이 아니라 홧병이 낫다'고 강변하고 싶을 테니 말이다. 일단 누가 더 힘들고 덜 힘들고의 논쟁은 잠시 접도록 하자. 그동안 여성들의 해방구 역할을 해준 아침 생방송 텔레비전 프로그램이나 각종 여성 잡지, 책들을 통해 나름 소통의 기회가 많았으니 딴지 대신 넓은 마음으로 이해하고 짐짓 모른 척해주는 것도 아버지들의 기를 살려주는 미덕이 아닐까 싶다. 일면 바보처럼 살아온 워킹파더들이 어떤 방식으로 벙어리 냉가슴을 앓고 있는지 감성적으로 접근해 보도록 하겠다. 그 방법으로 누구나 흥얼대며 따라 부르는 대중가요 세 곡을 뽑아 실마리를 풀어가려 한다.

사실 아버지의 애환을 가사로 담은 대중가요는 꽤 많은 편이다. 1990년대 이후 '아버지'라는 타이틀로 발표된 대중가요 중 가사와 음률이 대중의 호응을 얻어 인기가 많았던 세 곡을 가려보았다. 우선 가수 신해철씨가 그룹 넥스트 시절에 발표한 앨범에는 〈아버지와 나 Part 1〉이라는 곡이 있다. 이 노래 첫 소절 가사는 어린 시절에 느낀, 마치 태산에 빗대어 견줄 수 있는 아버지의 모습이 보인다. 나 역시 어린 시절 마음 한구석에 자리 잡고 있던 아버지에 대한 존재감은 태산처럼 큰 것이었다.

"아주 오래 전 내가 올려다본 그의 어깨는 까마득한 산처럼 높았다. 그는 젊고 정열이 있었고 야심에 불타고 있었다. 나에게 그는 세상에서 가장 강한 사람이었다."

그러나 시간이 갈수록 영웅과 동일시되던 아버지의 모습은 변해간다. 어느 순간부터 아버지를 바라보며 그가 겪는 공허함과 심신의 나약함을 발견한다.

"그러나 그는 대답하지 않았다. 저기 걸어가는 사람을 보라 나의 아버지, 혹은 당신의 아버지인가? 가족에게 소외받고 돈 벌어오는 자의 비애와 거대한 짐승의 시체처럼 껍질만 남은 권위의 이름을 짊어지고 비틀거린다."

그리고 가사는 이렇게 이어진다.

"집안 어느 곳에서도 지금 그가 앉아 쉴 자리는 없다. 이제 더 이상 그를 두려워하지 않는 아내와 다 커버린 자식들 앞에서 무너져가는 모습을 보이지 않기 위한 남은 방법이란 침묵뿐이다. 우리의 아버지들은 아직 수줍다. 그들은 다정하게 뺨을 부비며 말하는 법을 배운 적이 없었다. 언젠가 내가 가장이 된다는 것 내 아이들의 아버지가 된다는 것이 무섭다. 이제야 그 의미를 알기 시작했기 때문이다. 그리고 그 누구에게도 그 두려움을 말해선 안 된다는 것이 가장무섭다. 이제 당신이 자유롭지 못했던 이유가 바로 나였음을 알 것같다."

이번에는 2005년에 발표된 싸이의 〈아버지〉를 보자. 이 노래는 가족과 사회에서 소통이 막힌 아버지 모습을 잘 묘사했다. 또한 거침없는 가사 속 이면에 숨겨진 아버지의 애환이 고개를 끄덕이도록 만든다. 가사는 다음과 같다.

"너무 앞만 보며 살아오셨네. 어느새 자식들 머리 커서 말도 안 듣네. 한평생 제 자식 밥그릇에 청춘 걸고 새끼들 사진 보며 한 푼이라도 더 벌고 눈물 먹고 목숨 걸고 힘들어도 털고 일어나 이러다 쓰러지면 어쩌나. 아빠는 슈퍼맨이야 애들아 걱정 마 위에서 짓눌러도 티낼 수도 없고 아래에서 치고 올라와도 피할 수 없네. 무섭네, 세상 도망가고 싶네. 젠장 그래도 참고 있네. 맨날 아무것도 모른 채 내 품에서 뒹굴거리는 새끼들의 장난 때문에 나는 산다 힘들어도 간다. … … 여보 어느새 세월이 많이 흘렀소. 첫째는 사회로 둘째 놈은 대학으로 이젠 온 가족이 함께 하고 싶지만 아버지기 때문에 얘기하기 어렵구만. 세월의 무상함에 눈물이 고이고 아이들은 바빠 보이고, 아이고, 산책이나 가야겠소 여보. 함께 가주시오."

나의 아버지가 그랬고 현재 아버지인 나도 그렇다. 또한 앞으로 아버지가 될 나의 아이들도 크게 달라지지는 않을 것이다.

마지막으로 2007년에 발표된 데프콘의 〈아버지〉는 고단한 인생을 참고 어려움을 극복하며 살아가는 서민층 아버지의 애환이 드러나 있다.

"아버지 듣고 있습니까? 오늘은 또 어디에서 그 무거운 돌덩이를 지고 있습니까? 계단을 한참 오르고 또 올라도 천원이야. 무릎이 흔들거려 아파와도 천원이야. 자식이 먹다 남은 것들로 밥을 싸고 뭐 필요한 거는 없냐 오히려 말을 하죠. 자식이 바쁠까봐 전화도 맘대로 못 걸고 가끔가다 먼저 걸면 몇 마디 하다 끝난다. 어머니 병원비 얘길 왜 못해 자식한테 손 벌리는 게 그게 괴롭대?"

아버지를 둘러싼 사회적·경제적 상황이 너무나 어이가 없다. 때로는 공격적으로 몰아붙이기도 한다. 그래서 논리적으로 하소연할 방법이 없어 침묵으로 위안을 삼는 게 고난의 아버지들, 워킹파더들의 모습이다.

Working Father

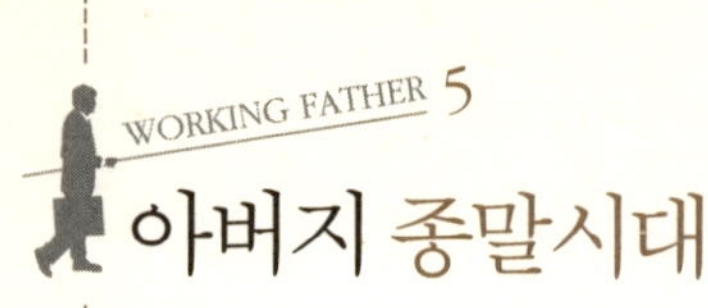

아버지 종말시대

아버지 종말시대가 다가오고 있는 듯하다. 똥딴지 같은 소리, 말도 안 되는 얘기라고 생각할 수도 있겠지만 정말 그럴 가능성이 있다. 사람들은 결혼을 하면 으레 누구나 아버지가 됐다고 착각하는데, 그렇지 않다. 결혼을 하면 남편이 되는 것이지 꼭 아버지가 되는 건 아니지 않은가. 아버지가 되기 위해서는 자녀를 낳아 그 아이를 구성원으로 삼아야만 성립된다. 사전적 의미로 아버지는 '자녀 둔 남자를 자식에 대한 관계로 이르는 말'이다.

좀더 나열하자면 '남자인 어버이', '자녀의 이름 뒤에 붙여 자기 남편을 호칭하거나 지칭하는 말', '자기를 낳아 준 남자처럼 삼은 이', '자기의 아버지와 나이가 비슷한 남자를 친근하게 이르는 말', '시조부모 앞에서 시아버지를 이르는 말', '어떤 일을 처음 이루거나 완성한 사람을 비유적으로 이르는 말' 등이다. 모두 맞는 말이다. 이와 달리 남편은 '혼인을 하여 여자의 짝이 된 남자를 그 여자에 상대하여 이르는 말'로 정리할 수 있다. 그런데 우리 시대, 특히 한국 사회에서는 아버지라는 호칭을 사용할 수 없는 사람들이 빠른 속도로 늘고 있다. 그 이유는 저출산 문제에 있다.

외환위기 이후 경제가 어려워지자 이런 요소가 삶을 살아가는 데 큰 변수로 작용한데다 집값은 하루가 다르게 상승하고 천문학적인 교육비가 들어가게 되었다. 그래서 사람들은 자녀 출산을 꺼리기 시작한 것이다. 대신 소수 가족을 형성해 경제적 부담 없이 행복한 중산층으로 살자는 분위기가 널리 퍼져 있다. 위와 같은 이유들이 저출산 문제의 주요 원인이다. 저출산 문제는 비단 우라나라만의 문제가 아닌 세계적인 골칫거리이기도 하다. 그런데 이 문제가 더욱 확대된다면 아버지라는 이름이 땅 위에서 사라질 수 있음을 알아야 한다. 남편은 낳은 자녀가 없으니 아버지가 당연히 줄어드는 것이다.

대기업에 다니는 장과장은 출산 계획 때문에 큰 고민에 빠졌다. 요즘에는 결혼하는 시기가 예전보다 많이 늦어졌는데, 만혼이 책잡히지 않는 것이 지금의 현실이다. 10~20년 전만 해도 남자 나이 서른이면 직장을 다니다 결혼하여 아이 한둘쯤 두는 게 보통의 삶이었다. 어쨌든 장과장 역시 요즘 남자들처럼 늦장가를 갔다. 그는 아내와 맞벌이를 하는데, 아이를 낳더라도 딱히 돌봐줄 사람이 없고 더군다나 늦은 나이에 아이를 낳아 대학 교육까지 시켜야 할 생각을 하니 답이 없다. 장과장의 아내 역시 지금 같은 상황에서 아이를 갖는다는 건 오히려 가정의 행복을 방해하는 일이라고 생각한단다. 한마디로 아이 갖는 일이 무척 부담 스러운 거다.

○ ● ○

　나의 주변에도 장과장과 같은 생각을 가진 사람들을 심심찮게 찾아볼 수 있다. 아이를 낳더라도 하나에서 그친 가정도 많다. 사실 우리나라의 저출산율은 심각한 수준에 와 있다. 삼성경제연구소가 2005년 12월에 발표한 자료를 보자. 〈외환위기 이후 저출산의 원인 분석 보고서〉라는 제목을 달고 있는 보고서에 따르면, 2004년 한국의 합계 출산율Total Fertility Rate은 1.16으로 나타나 세계에가 가장 낮은 수준이다. 합계 출산율이란 한 명의 여성이 가임 기간(15~49세) 동안 낳는 평균 자녀수를 의미한다. 잘 알려진 이야기이지만 OECD 국가 중에서는 물론이고 세계적으로도 출산율이 비교적 낮은 10개 나라 가운데 하나가 대한민국이다. 보고서를 좀더 자세히 들여다보면 이런 통계가 나온다. 우리나라는 지난 1970년에 출산율 4.53을 기록하다가 계속 감소세를 보였다. 그러다가 1983년 2.08을 기록하고 이후 단 한번도 2.0 수준을 회복하지 못하고서 하락세를 기록했다. 특히 2001년과 2002년에는 출산율이 큰 폭으로 하락세를 보이다가 2004년에 1.16이라는 깜짝 놀랄 만한 기록을 낳기도 했다. 당시 해당 전문가들과 언론에서는 이런 현상을 두고 우려하는 목소리가 컸다. 그런데 한 가지 주목할 점은 외환위기 이후부터 저출산 현상이 두드러지게 심화됐다는 점이다.

여러분도 잘 아시겠지만 저출산 문제는 외환위기 이후 전반적인 경제적 부담에 대한 불안감 확산에서 원인을 찾아볼 수 있다. 기업의 상시적인 구조조정이 이어지는 가운데 정년보장 연령이 갈수록 낮아지는 등 평생직장 개념이 본격적으로 사라지기 시작하면서부터 자녀를 낳지 않는 가정이 늘어난 것이다. 흥미로운 점은 바로 이 시기부터 저출산과 함께 이혼율도 크게 늘었다는 사실이다. 실제로는 경제 문제가 이혼의 절대적인 사유가 되었다고 봐도 무방한데, 통계로 이를 입증할 수 있다. 1990년 이혼 비율은 2.0% 수준이었으나 2004년 14.7%로 크게 증가했다. 특히 1997년 외환위기 이후 이혼하는 부부가 많아졌다. 1997년 4.2%에 불과하던 경제적 문제로 인한 이혼 비율이 2000년에는 10.7%로 증가했고, 이후 해마다 계속 증가세에 있다. 지금은 다소 주춤한 상태이긴 해도 경기불황이 계속 이어져 삶이 힘들어진다면 저출산 문제와 이혼율은 분명히 상승세를 보일 것이다. 가정을 꾸려가기 힘들어지면 이혼으로 치닫는 위기가 찾아오게 마련이다. 빠르게 진행되고 있는 고령화 문제 또한 저출산 분위기를 촉발시킨 원인 중 하나다.

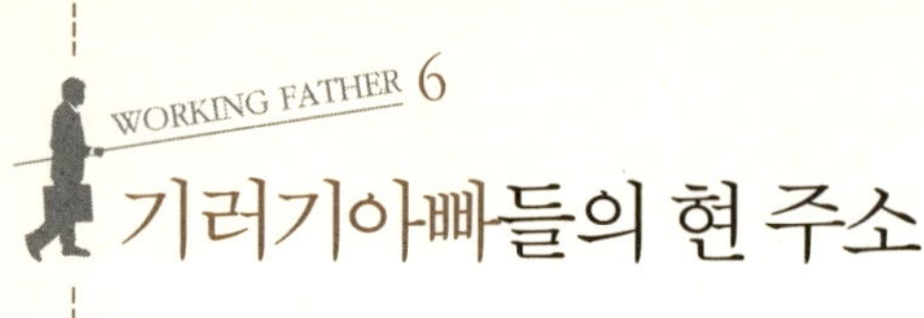

기러기아빠들의 현 주소

워킹파더 세대의 딜레마를 총체적으로 안고 있는 변종들. 다름 아닌 '기러기아빠'들이다. 기러기아빠가 생겨난 시기는 외환위기를 극복한 뒤 외환자유화 조치가 시행된 2000년 이후로 보는 시각이 많다. 〈국립국어원 보고서〉에 따르면, 2002년에 유행한 신조어로 '기러기아빠'라는 단어가 나오는데, 외환위기 이후 워킹파더가 만들어졌다는 점과 맞아 떨어진다. 이런 점으로 볼 때 워킹파더가 만들어낸 작품이 기러기아빠라고 할 수 있다. 국내 기러기아빠들의 숫자는 1만 명 정도로 추산한다. 2000년 초반 교수, 의사, 변호사 등 고소득 전문직 종사자가 기러기아빠의 주를 이루다가 이후 중산층들도 기러기아빠 대열에 합류했다. 이들이 받는 연봉은 약 1억 원쯤 되어야 가능했는데, 그래야 자녀들에게 학비도 보내고 자신의 국내 생활도 가능한 수준이다. 정확히 말하자면 대한민국 40대 평균 직장인들은 기러기아빠가 될 수 있는 가능성이 거의 없다. 연봉 1억 원을 받는 사람이 평균이 될 수는 없기 때문이다. 그런데 기러기아빠 문제는 우리에게 시사하는 바가 크다. 정권이 바뀔 때마다 흔들리는 우리의 교육제도와 비싼 사교육비, 그리고 가족 사이의 결속력 약화, 이 시대 아버지가 해야 하는 역할 등의 문제에 의미심장한 질문을 갖도록 만든다.

한편 최근에 벌어지고 있는 경제 상황은 기러기아빠들에게 큰 부담이다. 갑자기 치솟은 환율이 그들의 생활을 궁핍하게 만들고 있다. 두 가지 사례를 살펴보자.

WORKING FATHER

모 대그룹의 경영지원부 이사로 근무하는 황이사는 2002년에 기러기아빠가 되었다. 당시 황씨의 두 아들은 중학교에 다니고 있었다. 그에게는 어느 정도 안정된 수입이 있었기에 아내와 아이들을 미국에 보내는 일이 부담스럽지 않았다. 오히려 황이사는 소중한 아이들의 꿈과 희망을 더욱 넓게 펼칠 수 있는 기회라 생각하고는 스스로 기러기아빠 대열에 합류했다. 물론 가족과 떨어져서 지내야 하는 외롭고 힘든 시간이 이어졌지만 견딜 만했다. 그런데 황이사에게 예기치 못한 어려움이 찾아왔다. 2008년 상반기부터 환율이 크게 올라버린 것이다. 어떤 달에는 미국으로 송금해야 할 돈이 기존에 보내던 것보다 50%나 더 드는 일도 있었다. 게다가 환율이 문제의 전부가 아니었다. 금융위기와 경기침체가 가속화되자 회사에서 명예퇴직이라는 살생부가 돌기 시작했다. 50을 바라보고 있는 그이지만 이사직에 있기 때문에 어쩌면 이번 명예퇴직 리스트 1순위에 포함될 수 있다는 걱정부터 앞선다. 현재 황이사의 아들들은 미국에 있는 대학에 재학 중이며 졸업까지 2~3년이나 남은 상태다. 당장 아내, 자녀들의 생활비와 학자금을 보내고 난 후 남는 푼돈도 스트레스이지만, 머잖아 회사에서 자신의 인생이 끝날 수 있다는 두려움이 엄습해 올 때면 잠을 이룰 수 없다.

○ ● ○

중견기업에서 일하는 문부장도 기러기아빠다. 그의 사정 역시 위에서 소개한 황이사와 별로 다를 게 없다. 오히려 그에겐 남모를 고민이 하나 더 있다. 문부장도 아내와 아이들을 2004년경 미국으로 유학 보냈다. 문부장은 '미국에서 중학교에 다니던 아이들이 고등학교를 마치기 전에 한국으로 돌아오겠거니' 하고 생각했다. 그러나 '기왕 힘든 결정으로 보낸 유학이니 고등학교까지는 보내야 한다'는 아내의 강권에 의지를 접고 말았다. 바로 그의 고민이 여기에 있다. 어쩌면 아이들이 미국에서 대학교까지 마친 후 아예 그곳에서 자리 잡을지도 모른다는 생각이 들기 시작했다. 문부장은 주변으로부터 "아이들이 미국에서 대학까지 공부하겠다거나 대학 졸업 후 그곳에서 자리 잡겠다고 말하면 어쩔 거요? 그것까지 예상하고 보낸 겁니까?"라는 질문을 종종 받는다고 한다. 그런데 문부장의 말이 가관이다. "난들 그걸 몰랐겠습니까. 그런데 어쩝니까. 아이들도 그렇게 하길 바라고 무엇보다 아내가 꼭 미국에서 공부시켜야 한다고 주장하니…. 처음에는 반대하고 그냥 물러섰는데 내 의지와 상관없이 상황이 여기까지 오게 되었네요."

○ ● ○

문부장 같은 기러기아빠들이 생각보다 많다. 중장기적 전망과 확신 없이 자녀들을 유학 보낸 기러기아빠들의 개인 생활은 심각하다. 우선 자신을 챙겨줄 사람이 없으니 끼니 거르는 일쯤은 일상이다. 때로는 직장 업무에 완전히 묻혀 워커홀릭으로 바뀌거나 사람들과의 관계에서 겉도는 일도 허다하다. 시간관리가 엉망인 사람도 부지기수다. 기러기아빠들을 포함한 워킹파더들은 자녀들이 본인의 노후생활을 책임져줄 거라는 기대를 거의 하지 않는 분위기다. 사실 자녀를 잘 키우는 목적 중에는 자신이 늙었을 때 일정 부분의 경제적 도움을 받을 수 있을 거라는 기대가 조금씩은 있다. 물론 산업화, 핵가족화로 변하면서 금전적인 도움에 대한 기대감보다는 가족의 소중함과 행복의 가치에 더욱 많은 의미를 부여하지만 말이다. 그러나 기러기 아빠들은 이처럼 눈에 보이지 않는 가치조차 기대할 수 없을 지도 모른다. 몸만 힘들 뿐 위안이 될 만한 해방구가 거의 없어 그들이 느끼는 상실감은 생각 이상으로 크다.

기러기아빠들이 갖는 또 하나의 어려움은 성생활이다. 비뇨기과 전문의들이 파악하는 기러기아빠의 성생활은 크게 두 가지다. 첫째, 수시로 아내와 자녀들의 안부를 묻고 시간이 나면 1년에 몇 번씩이라도 해외로 날아가 아내와 사랑을 나누는 유형이다. 아내와 자녀들이 국내로 들어오려면 돈이 더 들기 때문에 혼자서 이동하는 것이다. 둘째, 부부가 오래 떨어져 있는 외로움을 이기지 못해 외도하는 경우다.

그런데 전문의들은 다른 걱정을 한다. 해외에 드나드는 비용 때문에 아내와의 건강한 성생활을 가질 수 없고, 그렇다고 성매매를 할 수도 없다. 남자들의 성욕이 급격하게 퇴화될 수밖에 없다는 얘기다. 성욕이 퇴화된다는 건, 남자로서의 자신감을 잃는 것과 다름없다. 이런 사람들은 극심한 우울증에 빠져 회사 생활도 망치기 십상이며 오랜만에 만난 아내와의 성생활도 잘 이뤄지지 않아 고민한다고 의사들은 전한다.

이런 처지에 빠져드는 것을 막으려면 규칙적인 운동과 식사조절이 필수일 것이다. 돈 많이 벌고 자식들이 잘 풀리면 뭐하겠는가. 한 번

잃은 자신의 건강은 쉽게 되찾을 수 없다. 전문가들은 특히 기러기아빠들에게 건강 유지에 힘쓰라고 권한다. 술과 담배를 끊고 다른 취미생활을 하거나 격한 운동으로 소원한 성문제를 극복해 보라고 말이다. 이런 방법으로도 성기능에 문제가 생긴다면 비뇨기과를 찾아가 호르몬 치료를 받으라고 하는데, 모두 옳은 말씀이다. 다 접어두고 아버지들의 마음을 한번 헤아려보도록 하자. 남자로서 살아가기가 딱하다는 느낌이 들지 않는가. 자녀의 교육과 미래를 위한다는 대의에 묻혀 청춘을 가족에게 쏟아 붓는 충실함. 그것도 모자라 남성 기능까지 퇴화된다는 건 받아들이기 힘든 씁쓸함이다.

워킹파더가 보는 워킹맘

'고난의 아버지' 라는 말로 대변할 수 있는 워킹파더가 고난의 나락으로 더욱 깊숙이 떨어지는 이유는 무엇일까? 첫 번째는 자신이 처한 사회적 상황을 제대로 이해하지 못하기 때문이다. 두 번째로는 이렇듯 본인의 주변 상황을 이해하지 못하니 본인 스스로 어떤 방향으로 변해야 할지 정확한 해법을 찾지 못하거나 해법을 찾는 데 게으름을 피우기 때문이기도 하다. 그런데 워킹파더들이 눈여겨보면서 비교할 만한 대상이 있다. 바로 워킹맘이다. 남성들의 경계 대상 1호로 떠오른 워킹맘들의 이야기를 잠시 해보자.

우리나라 변화의 중심에는 빠른 속도로 자리 잡고 있는 워킹맘들이 있다. 대한민국 대표적인 키워드로 부상한 워킹맘. 사실 워킹맘은 예전부터 있었지만 크게 부각되지는 못했다. 그런데 외환위기 이후 가족의 생계를 남자 혼자 꾸려가는 데 어려움이 커지고, 여성의 권위가 많이 높아지면서 워킹맘의 역할도 크게 늘었다고 보는 게 일반적인 시각이다. 워킹맘의 강력한 등장은 고난의 아버지들에겐 특이하게도 정신적 부담으로 작용하기도 했다. 혼자 벌던 시절에는 경제적 책임을 스스로 지고 있다는 점에서 가정 내 결정권이 남성에게 쏠리는 분위기가 강했다. 그런데 워킹맘의 등장으로 가정 경제를 부부가 책임지다보니 권한도 둘로 나뉘었다. 지금까지는 주로 남성이 경제를 챙겨왔는데, 여성이 남성 위주 사회에서 자리매김하다보니 경계가 모호해진 것이다. 역할의 변화가 조금씩 진행되자 아버지들은 본인이 찾아야 할 위치와 방향을 제대로 못 잡고 갈팡질팡하기도 한다.

한편 똑같이 밖에서 고생하고 집에 와서는 육아와 가사까지 책임지는 아내인 워킹맘을 볼 때마다 여간 안쓰럽고 미안한 게 아니다. 결국 가정 내 워킹맘에 대해서는 상당히 관대한 편이다. 그런데 문제는 사회와 조직에서의 남자들은 워킹맘을 경쟁자로 여겨 적대시하는 이중성을 보인다는 점이다. 집안에서는 우호적인 반면, 밖에서는 자신의 직업 안정성을 위협하는 세력으로 간주하는 것이다. 워킹맘을 포함한 여성 직장인들에 대한 남성들의 편견을 한번 적어보겠다.

- 여성들은 이과보다 문과 고등학생이 훨씬 많다. 그러면서 취직 안 된다고 징징댄다.

- 야근도 기피하고 술자리에서 한 턱 쏘는 일도 없으면서 누릴 건 다 누리려는 모습, 이런 걸 고치지 않는다면 여성들이 계속 피해를 볼 것이다.

- 여직원들은 꼭 퇴근 때가 되면 일이 생긴다. 핑계는 항상 남편 출장이 어떻고, 집에서 어떻고, 시어머니가 어떻고 등등 구구절절 많기도 하다.

- 남자들이 집안일 때문에 야근에 빠지는 일 거의 못 봤다. 그러나 여자들은 당당하게 땡 치면 집에 간다.

- 여자들끼리 모여서 하는 얘기들 정말 가관이다. 거의 놀다시피 회사 다니면서 생활비가 빠듯해서 몇 년 더 다녀야겠다느니….

- 설문조사를 보면 남자직원들은 회사에서 가장 중요한 것을 회사의 이윤이라고 꼽은 반면, 여자직원들은 휴가를 꼽는다.

- 회사에 어려움이 생기면 여자직원들도 신경 쓰는 척하지만 오후 6시만 되면 곧바로 집에 간다. 남자 사원들은 거의 100% 남아 사태를 주시한다.

너무나 적나라하지 않는가. 사회의 룰이 여전히 남성 위주로 짜여 있는 가운데 워킹맘 숫자 역시 늘고 있는데, 그에 따른 부작용이라

할 수 있다. 곱지 않은 시선으로 여성 동료들을 대하는 것이다. 그러나 이 말 한마디는 확실히 해두고 싶다.

'남성들이여 워킹맘을 가볍게 여기지 말지어다!'

사실 워킹맘이라는 말에는 상당한 오해가 있다. 일부 특정 여성 계층 또는 직업군을 가리키는 경향이 짙다. 하지만 그런 생각은 현실을 잘못 바라보고 있는 오해이며 실수다. 꼭 좋은 직장이 아니더라도 경제 활동을 하면서 육아와 가사노동까지 감당하고 있는 여성이라면 누구나 워킹맘이다. 중대형 기업에 근무하는 사무직 여성을 비롯해 하이힐과 말끔한 정장 차림의 여자들만 워킹맘이라고 여겨서는 안 된다. 위에서 소개한 것처럼 워킹맘에 대한 남성들의 잘못된 오해와 시선은 많다. 직장에 다니는 아내를 향한 눈빛이 관대하듯이 동료 여성 직원들에게도 아량과 관대함을 보여야 한다. 이중성을 과감히 내려놓으라는 말이다.

워킹맘이라는 의미가 일부 사무직 여성들에 국한된 듯한 느낌도 내버려야 한다. 사실 이 단어가 갖는 의미에는 전문직 여성의 이미지가 강하게 풍긴다. 주변의 여러 남성에게 워킹맘이란 말을 들었을 때 떠오르는 이미지를 물었더니 '육아, 큰 회사에 다니는 여성, 커리어 우먼, 역동적, 멋지다' 등의 말들이 되돌아왔다. 방송 드라마나 언론

등에서 워킹맘의 실체를 일부 여성 계층에 국한해서 보여준 것도 무
시할 수 없다. 올해 40세로 수도권에 거주하는 한 워킹맘의 하루를
소개하겠다.

워킹맘인 민씨의 남편 안씨는 광고대행업을 하다 경기침체 여파로 고전을 면치 못하고 있었
다. 여기에다 다른 사람의 보증까지 선 탓에 가계가 어려워지자 부인 민씨도 돈벌이에 나서
야 했다. 그녀는 새벽 3시에 졸린 눈을 부비고 일어나 신문을 돌린다. 6시까지 신물을 돌리
는데, 월수입이 120만 원 정도 되니 제법 쏠쏠한 편이다. 그리고 집에 돌아와서는 초등학교
에 다니는 두 아들과 남편의 아침을 챙기고 아이들의 등교를 돕는다. 다시 그녀는 아침 9시
까지 집 주변에 자리한 소규모 무역업체에 나가 아르바이트를 한다. 아침 9시부터 오후 6시
까지 해외로 수출하는 물건을 박스에 담는 일이다. 시간당 4,000원 정도 받으니까 하루 3
만 원 조금 넘게 받는다. 저녁에는 가족들과 밥을 먹고, 아이들 숙제까지 봐주고 나면 어느
새 잠에 들 시간이다. 내일 새벽, 또 신문을 돌리러 나가야 하니까…. 그녀에게는 주말이 와
도 눈코 뜰 새 없이 바쁘다. 결혼식장 웨딩뷔페로 아르바이트를 하러 가야 하기 때문이다.

○ ● ○

이것이 바로 대한민국 워킹맘의 모습이다. 환상을 가지고 바라보
지만 사실 워킹맘의 실체는 비정규직 노동자로 한정 지어서 말해도
거의 맞다. 많은 사람들의 머릿속에 아로새겨진 달콤한 이미지의 워
킹맘은 일부의 모습이다.

사례에서 본 민씨의 남편 안씨는 그럼 어떻게 살고 있을까. 안씨는

아내가 잡아온 신문배달을 함께 나가 돕는다. 그리고 저녁 무렵 남씨가 박스 포장하는 일이 끝날 즈음에는 아이들을 시켜 아내에게 전화를 한다. '된장찌개를 끓여놨으니 빨리 오라고….' 나쁘지 않은 모습이다. 참고로 민씨의 사례에서 주목할 점은 고난의 아버지 세대인 워킹파더들은 워킹맘에 대하여 미안함을 느낀다는 사실이다. 자신의 부족함을 상당히 괴로워한다. 이런 모습은 양성평등이 실현되기 전 시대, 달리 말해 남성 위주의 사회를 살던 1세대 아버지들이 미처 보여주지 못한 배려와 자상함인데, 워킹파더들이 보여주고 있다.

워킹파더들은 자기 자신 또는 주위의 동료가 해고되었을 때 가정까지 흔들리는 현실을 지난 외환위기를 통해 두 눈 뜨고 똑똑히 지켜본 경험이 있다. 이후 워킹맘들이 빠르게 늘었다. 가계의 부담을 함께 나누어 지고 가는 아내에 대한 고마움과 치열한 직장 내에서 여성 동료를 보는 시각 차이가 큰 경우가 많다. 다시 강조하지만 이런 이중성을 버려야 할 것이다. 특히 후자와 같은 생각이 드는 심리적 요인은 또다시 찾아온 고난과 역경에 철저한 자기생존 욕구를 느꼈기 때문이다. 실력을 겸비한 워킹맘의 등장을 경계할 수밖에 없는 남성들 정말 안타깝다.

자살충동(100명 중 7명) 이유

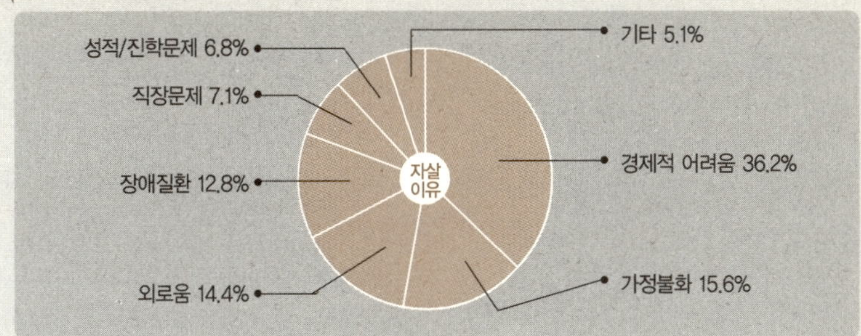

자료: 통계청

저출산의 결정적 이유

자녀 요인

- 자녀양육 비용 증가
- 주택 비용(특히 도시 지역) 증가
- 여성의 기회 비용 증가
- 다른 재화에 비해 자녀가 제공하는 정신적 편익이 낮아짐

소득 요인

- 미래에 대한 불확실성 증가
- 고기술의 수요 증가로 교육기간 연장
- 여성의 경제적 역할 변화로 가족에 대한 헌신보다 개인 경력을 추구
- 소득과 경력에 대한 전망 감소

자료: 삼성경제연구소

노숙자 연령별 분포 및 애로사항

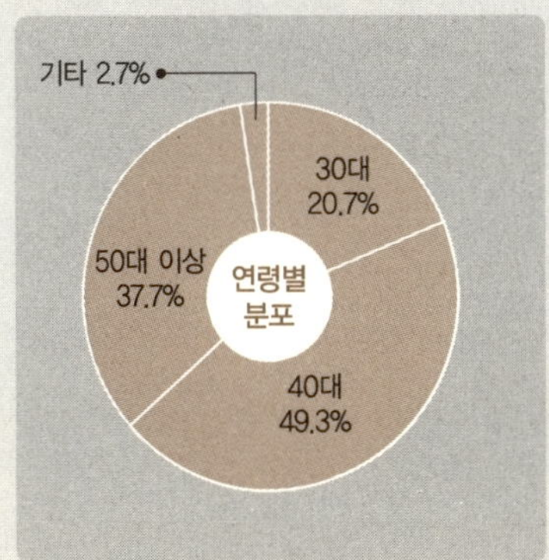

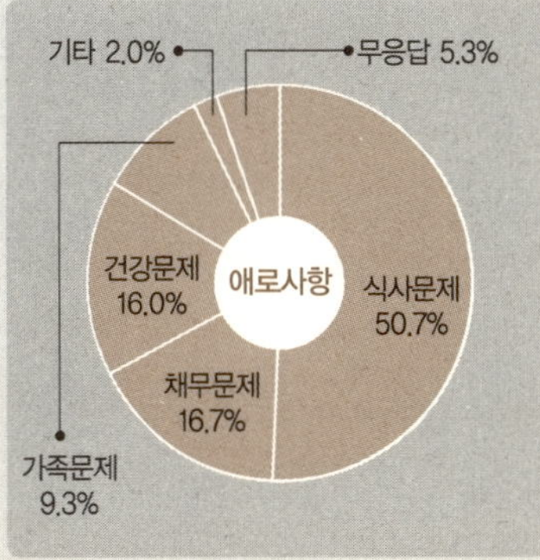

자료: 신용회복위원회

CHAPTER 4

워킹파더, 비상구를 찾아라

Working Father

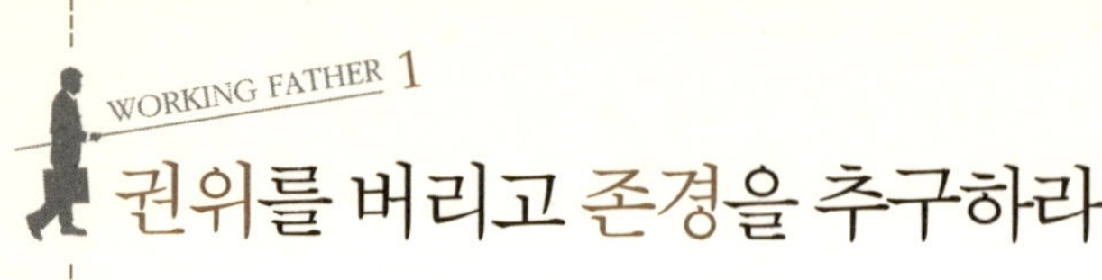

권위를 버리고 존경을 추구하라

2장과 3장에서는 경제적·사회적·문화적 측면에서 워킹파더가 나타나게 된 배경과 그들의 현실을 살펴보았다. 4장부터는 혼돈에 빠져 있는 워킹파더들이 어떤 모습을 유지해야 하는지 그 해법을 제시하고자 한다.

과연 삶의 지표를 어디에 두어야 할까. 우리는 이 문제에 대해 충분한 숙고의 시간을 가져야 한다. 어쩌면 이번 경제위기가 우리의 과거 빗나간 행복, 가치, 자산, 사고 등에 대하여 반성하는 계기를 제공했다고 보면 오히려 마음 편하다. 부풀려진 욕망과 권력, 허망한 황금만능주의의 굴레에서 벗어나 체질 개선을 할 수 있는 기회로 삼아볼 만도 하다.

워킹파더들은 이번 기회에 잃어버린 가장의 위상을 되찾아야 할 것이다. 무엇보다 과거 1세대 아버지들이 보여주고 누리던 권위에 대한 동경이나 추억에서 벗어나야 한다고 생각한다. 말도 안 되는 권위가 아닌 마음 깊숙한 곳에서 우러나오는 존경형 아버지라는 새로운 모델을 모색해야 할 시점이다. 한마디로 표현하면 권위의 시대는 가고 존경의 시대가 왔다. 워킹파더들은 무작정 '권위'를 앞세우는 것보다 공감할 만한 '존경'을 통해 가정을 끌어가야 한다. 바로 이런 사고방식을 가질 필요가 있다. 잘 알다시피 1세대 아버지들은 권위에 치중했다. 일례로 밥상에는 항상 정해진 상석에 앉았고, 본인이 숟가락을 뜨기 전에는 어느 누구도 먼저 밥을 먹지 못했다. 이 모든 게 권위를 받쳐주는 요소들이었다. 그렇지만 오늘날처럼 다변화된 사회에서는 이 같은 권위가 통할 수 없다. 《드림소사이어티》의 저자 롤프옌센이 지적한 것처럼 앞으로 전개될 가정의 구조는 가족주식회사로 변할 가능성이 크다. 아내와 자녀들이 아버지에 소유되거나 통제받는 것이 아니라 독립적인 개체로 생활하는 것이다. 권위에 갇혀 있는 가장이 일방통행식으로 호통을 치거나 폭력을 행사하면 아내와 자녀들은 밖으로 튕겨나간다. 예전보다 나갈 곳이 많아졌기에 나가더라도 걱정이 없다.

권력이 현실에서 작용할 수 있었던 이유는 두려움을 조장하기 때문이다. 아울러 권위는 사회 안정이 유지되기 위해 요구되는 것으로 존경심이 뒷받침해 주기도 한다. 그러나 권위는 하루에도 여러 번 높이 세워졌다가 낮게 무너질 만큼 그 위상이 수시로 변한다. 존경이라는 것이 그만큼 매번 있다가도 없어지기 때문이다. 따라서 권위는 사회에서 자연스럽게 제공해 주는 것이기도 하다. 물론 당사자가 권위를 세우기 위해 노력해야 할 것도 많지만 목적은 사회 안정을 향하고 있다. 따라서 권위자는 일반인들로부터 호의를 수렴받는 식이다.

그러나 존경은 다르다. 스스로 노력해서 이런 내공이 자연스럽게 밖으로 내뿜어질 때 타인으로부터 인정받는다. 바로 이런 점이 권위와의 큰 차이다. 가부장 사회에서의 아버지는 사회 구조를 지탱하기 위해 권위를 부여받고 이를 지키는 데 주력해 왔다. 하지만 지금은 권위적인 아버지가 더 이상 통하지 않는다.

가족으로부터 존경을 받는 아버지가 되려면 많은 노력을 기울여야만 한다. 일단 아내와 자녀들에게 존경받으려면 말도 안 되는 권위를 내세우며 일방적으로 지시하는 방법이 아닌, 가족 구성원들이 아버지의 존재를 인정, 수용하고 각자 해야 할 일을 자율적으로 찾게 만드는 리더십이 필요하다.

이런 얘기는 조직에서도 마찬가지로 적용된다. 과거에는 권위로 직원들의 업무능력을 향상시킬 수 있었다. 그러나 기업의 경영 환경이 많이 개선되고 달라졌다. 기업의 환경이 세계적인 수준으로 확장되었고 규모 역시 몰라볼 정도로 커졌다. 권위만으로 직원들을 적절히, 그리고 효과적으로 이끈다는 건 불가능하다. 최고 경영자의 마인드에서부터 말단 직원에 이르기까지 스스로 무엇을 해야 하는지 잘 알고, 자발적으로 업무를 이해하지 못하면 안 되는 세상이다. 글로벌화, 정보화 시대가 되면서 권위형 경영 방식이 물러나고 존경형 경영 방식이 그 자리를 대신 채우고 있다. 이는 최고 경영자부터 현장의 직원에 이르기까지 모두가 공감해야 가능하다. 물론 권위라는 일방통행식 사고로는 흉내 낼 수 없는 수준에 머물고 말 것이다.

가정도 작은 기업이다. 기업으로 따지면 아버지가 CEO다. 아버지가 권위만 내세운다면 가족 모두를 이끌 수 있는 리더십이 발휘될 수 없다. 세상이 변한 만큼 전략도 변해야 위상이 곧게 선다. 그 답은 존경에 있다.

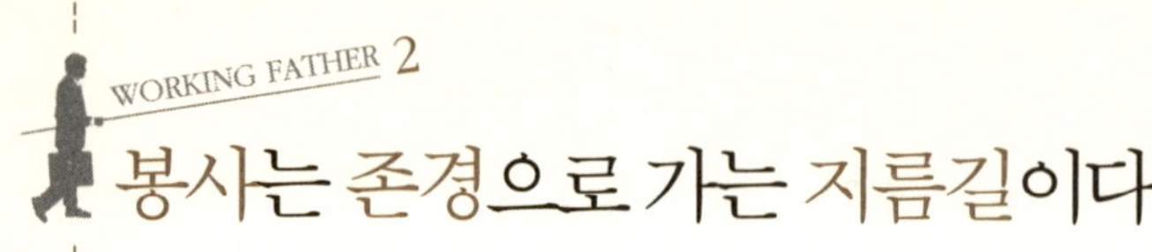

봉사는 존경으로 가는 지름길이다

존경받는 아버지로 거듭나기 위한 주요 키워드 가운데 하나가 봉사다. 자녀는 당신을 어떤 존재로 생각할까? 능력 있고 자상한 아버지상일까, 아니면 생존을 위해 경쟁에만 매몰되어 있는 사람으로 인식하고 있을까. 아마도 후자로 생각할지도 모를 일이며 그럴 가능성이 매우 높다. 그렇다면 이미지 변신을 시도해야 한다. 주변에서 쉽게 실천할 수 있는 봉사를 통해 오해받고 있거나 실추된 이미지에 변화를 주어야 한다. 마음에서 우러나오는 존경을 받기 위한 방법이다.

다시 하나의 사례를 보자.

신과장은 여의도에 있는 모 증권회사에 다닌다. 어느새 그의 증권계 업력도 10년째다. 그는 증권 시장이 열리기 전, 각종 자료정리와 전날 뉴욕증시까지 체크하여 회사에 6시 30분까지 출근한다. 조금이라도 회사에서 일찍 나오는 날이면 고객과 저녁식사 자리를 갖는 등 보통 11시가 넘어야 집에 들어간다. 회사에서는 나름대로 인정받는 재원이며, 매월 넉넉한 월급봉투를 집에 건네는 모범생이다. 그런 신과장에게 남모를 고민이 하나 있다. 바로 아이들 문제다. 한번 안아보기 위해 아이들에게 다가가면 슬슬 피해 달아나고, 무엇을 묻더라도 대답은 시원치 않다. 신과장은 주변 사람에게 이런 이야기를 꺼냈다가 한 가지 제안을 받았다. '월드비전'이라는 단체에서 실시하는 프로그램에 가입하라는 내용이었다. 월드비전은 제3세계 아이들에게 기부하는 선행으로 유명한 단체다. 결국 신과장은 월드비전에 연락하여 매월 5만 원씩 기부금을 내고 있다. 이 돈은 케냐에 사는 꼬마 소녀의 식사와 학비에 사용된다. 꼬마 소녀의 현지 모습을 담은 사진도 정기적으로 배달받는다. 이 소녀는 크리스마스 등 특별한 날이 되면 자신의 일상과 에피소드, 그리고 감사의 말을 담은 엽서를 신과장에게 보낸다. 신과장과 그의 가족들은 아프리카 소녀로부터 온 엽서를 함께 읽고, 그 소녀의 미래에 대해 대화를 나눈다. 아이들은 아버지에게 '다른 아프리카 아이를 한 명 더 후원하면 좋겠다'고 부탁한다. 신과장은 다음날 바로 월드비전을 찾아가 자기 아이들 명의로 매월 5만 원씩 더 기부하기로 했다. 또 다른 아프리카 소녀가 좀더 행복해질 수 있다는 생각에 신과장은 벌써부터 마음이 훈훈해진다.

○ ● ○

주위의 소외된 이웃을 돌아보는 넉넉함, 이런 마음을 지녔다는 걸 가족에게 보여줄 필요가 있다. 물론 겉치레만 중요시하란 말이 절대 아니다. 마음에서 우러나오는 봉사가 좋다. 아버지의 새로운 모습을 가족에게 재인식시키는 건 중요하다. 가정뿐 아니라 사회에 따뜻한 관심과 배려의 마음을 품고 있는 아버지라면 자녀들과 속내 털어놓고 대화할 수 있다. 당연히 갈등이 사라지고 끈끈한 연대감도 만들어진다. 봉사하는 아버지를 곁에서 지켜보며 자라는 아이들, 그리고 아내는 그런 가장을 존경의 대상으로 여긴다. 작은 실천이 생각보다 큰 긍정을 제공해 준다.

그런데 선뜻 봉사에 나서기가 버겁게 느껴지는 이유는 뭘까. 사람들은 봉사를 어렵게 생각한다. 나열해 보면 이런 이유들 때문이다. 우선 먼 지방으로 하루 정도 시간을 내서 가야 한다. 빨래도 하고 식사도 만들어주고 재미있는 놀이를 생각해 두었다가 함께 놀아줘야 한다. 노인들을 위해서는 노래도 부르고 춤도 춰야 한다. 먹고 살기도 빠듯한데 돈이 수십만 원에서 100만 원 이상 깨질 것 같다. 더욱 알 수 없는 건 어디로 누구를 위해 무엇을 봉사해야 하는지 정보가 없다. 어느 정도 맞는 얘기다. 사회봉사라는 게 아직 상품화(?)가 덜 되어 있어서 참여하고 싶은 사람들을 포용하지 못하는 부분이 있다. 왠지 돈도 많이 들 것 같고, 분위기에 맞춰 무언가를 꼭 해야 한다는 스트레스 때문에 봉사를 기피하는 사람들이 생긴 것 같다. 특히 언론에서 보도하는 기부 사연은 기부를 촉진하는 긍정적인 면도 있지만 기부하려는 일반 서민들을 주눅 들게 하는 면도 없지 않다.

가령 한평생 떡볶이를 팔아 모은 수억 원의 돈을 대학 등에 쾌척하는 할머니 이야기라든가 몇 년째 한 켤레 구두, 와이셔츠 한 벌, 점퍼 하나로 버티며 부자가 된 중소기업 사장이 자식에게 자산을 물려주지 않고 사회에 환원했다는 이야기가 그렇다. 엄청난 내공으로 돈을 벌어 한방에 그 많은 돈을 사회에 헌납하는 사례를 보면서 일반 서민들은 '내가 할 수 있는 사회공헌이 과연 있을까?' 하는 생각에 빠져 사회공헌이나 봉사를 아예 포기하기도 한다.

그런데 최근 몇 년 사이 우리나라의 사회공헌이나 기부 문화가 많이 변했다. 일단 비용의 문제인데 앞에서 소개한 예처럼 많은 돈을 들이지 않고서도 의미 있는 사회공헌 활동이 가능해졌다. 그리고 인터넷 발달에 따른 각종 정보와 다양한 사회복지 단체가 생겨나서 어느 곳에서, 누구에게, 어떤 방식으로 기부해야 하는지 뜻만 있다면 쉽게 접할 수 있다. 또한 기부의 방식도 매우 다양해졌는데, 일례로 매칭펀드가 있다. 매칭펀드란 어떤 물건을 파는 기업이 후원자가 되어 소비자인 내가 1,000원을 기부하면 후원 기업에서 그 금액만큼 추가로 기부하는 방식이다. 소액 물건 구입시 매칭펀드 방식이 도입되어 소외된 이웃들에게 기부금이 전달되는 것이다.

전문직에 종사하는 사람들은 자신이 갖고 있는 능력을 봉사하기도 한다. 한마디로 능력봉사다. 돈뿐 아니라 자신의 시간과 능력을 나누는 것인데, 직업이나 개인의 특기를 통해 이웃을 돕는 행위다. 가구 제작에 취미가 있는 사람이 저소득층 공부방 아이들을 위한 책상이나 책꽂이 등의 가구를 만들어 전달하거나, 외국어에 장점이 있는 사람이 어학지도를 하는 일 등이 그렇다. 이렇듯 자신이 갖고 있는 특기나 전문성을 소외 계층에 전달하는 사람들이 늘고 있다. 과거와 달리 기부 문화가 점점 다양해지고 있음을 엿볼 수 있는 대목이다.

정성 가득 깃든 당신의 봉사와 기부는 타인을 위해서만이 아닌 나를 위해서도 필요하다. 스스로 발전할 수 있는 계기가 될 뿐만 아니라 나태한 삶에 긍정적인 에너지가 되어주기도 한다. 아울러 가정과 사회에서 존경받는 길이기도 하다.

경청하고, 안아주어라

맞벌이 가장인 삼십대 중반을 넘긴 서과장은 요즘 이직 문제로 심각한 고민에 빠졌다. 지방에서 공무원으로 근무하는 아내와 초등학교 1학년 아들은 서과장과 떨어져 지낸다. 서과장은 주중에 서울서 생활하다 매주 금요일 저녁이 되면 아내와 아들이 있는 지방으로 내려간다. 이 부부의 연봉을 합치면 1억 원이 넘는다. 지방에서 사는 사람에게 연봉 1억 원은 결코 작은 돈이 아니기 때문에 서과장은 주말부부 생활을 수년째 유지해 오고 있다. 그런데 큰 탈 없이 지내오던 서과장 가족에게 문제가 발생했다. 하나밖에 없는 아들이 갑자기 말수가 줄고 소극적인 자세를 보이기 시작한 것이다. 병원에 가서 진찰해 본 결과 자폐증 초기 증상인 것 같다는 의사의 소견이 돌아왔다. 청천벽력과 같은 소리를 듣게 된 서과장은 큰 충격에 빠졌다. 불현듯 '경제적인 안정을 위해 선택한 맞벌이 생활, 그동안 아이에게 너무 소홀했기에 이런 일이 생긴 건 아닐까?' 하는 자괴감이 들었다. 그의 말을 듣게 된 나는 "나 역시 일 문제, 가정 문제로 아이들과는 주말에만 만나는 처지입니다"라고 털어놓았다. 그랬더니 서과장은 심각한 표정으로 이런 말을 들려주었다.

"아이들과 떨어져서 지내는 시간만큼 부모가 모르는 피해가 아이에게 생기고 있다는 걸 기억하세요. 물론 경제적 안정도 중요하지만 하루빨리 아이들과 함께 지낼 수 있는 방안을 찾아보는 게 좋을 겁니다."

○ ● ○

주변을 둘러보면 자녀들과의 소통 문제나 스킨십과 관련하여 아버지들의 고민이 많은 것 같다. 아이들은 아버지보다는 어머니와 더 많은 시간을 보내게 마련이다. 그러면서 아버지들은 정작 자신의 살가운 모습을 자녀들에게 보여줄 만한 기회가 별로 없어 스스로 소외감을 느끼곤 한다. 그런데 문제는 아버지들이 이런 소외감을 느끼면서도 아이들과 소통할 수 있는 방법 찾기에 소홀하다는 데 있다. 방법도 모를 뿐 아니라 그런 노력이 부족하다는 것을 좀체 인정하려 들지 않는다. 교육 문제도 그렇다. 주변에서 이런 얘기를 하는 아버지들을 종종 만나볼 수 있다.

'아이들을 너무 감싸는 엄마들의 치맛바람이 문제다. 그런 아줌마들이 아이들 인성 교육을 망친다. 과외비도 터무니없이 비싼데, 사교육에 너무 많은 돈을 쏟아 붓는다. 내 아이 만큼은 이 같은 과외 지옥 속에서 절대 키우지 않을 것이다. 아이들이 자율적으로 생각하고 창의적으로 생각할 수 있도록 할 것이다.'

정말 좋은 말씀이다. 그러나 이 같은 말 속에 가식적인 또는 신뢰감이 떨어지는 부분이 있다는 느낌을 지울 수 없는 이유는 뭘까. 위와 같이 주장하는 아버지들은 가슴에 손을 얹고 자신을 한번 뒤돌아보라. 내가 말한 내용을 실제 생활에서 실천하고 있는지 말이다. 아이들이 자율적으로 자라고 창의적으로 생각할 수 있으려면, 그들에게 많은 시간을 할애해야 한다. 그리고 좋은 교육 환경도 조성해 주어야 한다. 이런 노력과 실천을 충분히 다 했다고 자신할 수 있다면 정말 좋은 아버지다. 실천 없는 생각, 이상적인 주장은 공허한 메아리, 쓸모없는 공수표에 지나지 않는다.

여러분도 잘 알다시피 우리나라에서의 교육은 말과 생각처럼 쉬운 게 아니다. 최근 자녀교육에 열성을 보이는 아줌마들 사이에 탄식조로 유행하는 말이 있다. '할아버지의 재력, 엄마의 정보력, 아이의 체력' 이렇게 3력이 있어야 이른바 명문대학에 합격할 수 있다는 것이다. 아빠의 재력이 어느 정도 갖추어졌더라도 아이들 교육비를 감당하기가 벅차 할아버지의 재력까지 요구되는 현실이 반영된 말인데, 씁쓸한 기분이 든다.

자녀들과 자유롭게 소통하고 다정한 스킨십을 가져가며, 이를 바탕으로 그들을 올바르게 이끈다는 건 보통 노력으로는 어림도 없다. 하지만 절대 포기할 수 없는 숙제이기도 하다. 처음부터 모든 게 완벽할 수는 없겠지만, 한 가지씩 소신을 갖고 차근차근 만들어가는 자세가 중요하다. 사실 아이들은 아버지로부터 거창한 무언가를 바라지 않는다. 평소 자녀가 하는 말에 귀를 기울이는 경청의 자세, 활짝 웃음 지으며 두 손 따뜻하게 잡아주는 스킨십만으로도 아이들은 큰

Working Father

용기를 얻는다. 작은 실천이지만 이런 것 하나하나가 쌓이다 보면 한 층 더 소통이 잘 되고 자연스럽게 당신의 손을 잡는 자녀가 되어 있을 것이다. 물론 아버지라는 존재감도 머릿속에 오랫동안 남을 것이며, 현재 많은 아버지들이 고민에 빠져 있는 존경의 리더십도 뒤따를 것이다. '진리는 생각보다 간단하다' 는 말처럼 쉽지 않은 문제를 해결하는 방법치곤 단순하고 명쾌하지 않은가. 아주 실천하기 쉬운 현실적인 방법이다. 그런데 이를 무시하고 시도조차 안 한다면 더 이상 할 말 없다.

일단 돌아오는 주말이 되면 아이들이 좋아할 만한 일 한 가지쯤 기억해 두었다가 행동으로 옮겨보기 바란다.

WORKING FATHER

신문기자 12년차인 양기자의 아이는 올해 6살인데, 운동에 소질이 있는 것 같다고 말한다. 양기자 역시 직업의 특성상 집에 들어가는 시간이 보통 10시를 훌쩍 넘는 게 다반사다. 문득 아이와의 스킨십이 너무 부족하다는 것에 자책감을 느끼던 양기자는 아이가 혼자 자라면 사회성이 떨어질 것을 우려했다. 그러다 우연히 사는 동네 근처에 어린이 축구교실이 있다는 것을 알고서는 아이 손을 잡고 가입시켰다. 사실 주말에 푹 쉬고 싶은 마음이 굴뚝같았지만, 일단 아이를 축구교실에 가입시켰더니 발군의 실력을 발휘하며 주전선수에 뽑혔다고 자랑이다. 그리고 날이 갈수록 자기 아이가 가장 돋보이더란다. 늘어지게 잠이나 자면서 주말을 보내던 때와 비교하면 양기자 스스로에게도 큰 활력이 되었다고 털어놓는다. 한강 둔치공원에 마련된 축구장에 아이를 데리고 나갈 때마다 양기자는 가족과 함께 나가는데, 아이의 게임을 보면서 틈틈이 본인도 운동을 하고 야외에서 머리를 식히기도 하면서 일석이조의 효과를 누리고 있다.

○ ● ○

또 하나의 사례를 짧게 소개하겠다.

유통업체에서 영업일을 하는 조과장은 주말마다 아내, 두 아이와 함께 어김없이 동물원을 찾는다. 아무리 인쇄기술이 발달한 시대일지라도 책 속에 있는 동물들은 평면적일 뿐만 아니라 움직일 수도 없다. 살아서 움직이는 동물들의 생생한 모습을 아이들에게 보여주는 것이 정서와 표현력에 큰 도움이 된다고 굳게 믿는 조과장의 얼굴에서 행복이 깃들여 있음을 알 수 있다.

○ ● ○

불평불만 많고, 실천 없는 생각에 골머리 아프며, 일에 찌들어 사는 가장들이여 왠지 돌아오는 주말이 기다려지지 않는가? 그렇다면 이미 절반은 성공한 셈이다.

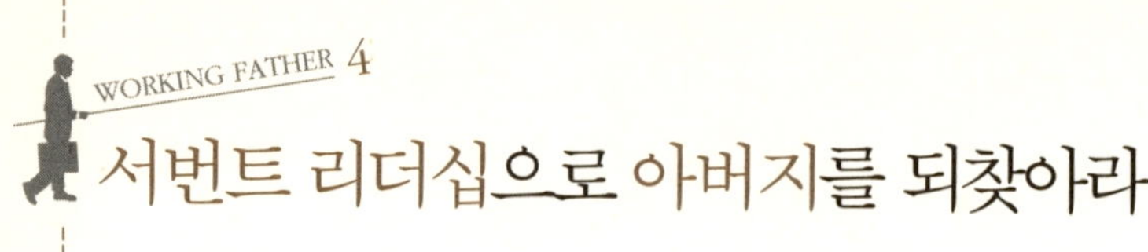

서번트 리더십으로 아버지를 되찾아라

세종대왕, 이경숙 전 숙명여자대학교 총장, SK 와이번스 김성근 감독, SK그룹 최태원 회장 ….

이들에게 공통점이 있다면 무엇일까. 바로 섬김의 리더십을 추구했다는 점이다. 언제부턴가 '섬김의 리더십'이 새롭게 주목을 받고 있다. 다른 말로 '서번트 리더십servant leadership'이다. 서번트 리더십의 키워드는 섬김, 봉사로 요약할 수 있다. 독자들도 알고 계시겠지만 서번트 리더십의 개념은 1970년대 중반에 로버트 그린리프Robert K. Greenleaf가 저술한 《Servant Leadership》에서 처음 제시되었다. 그리고 별다른 주목을 받지 못하다가 1990년대 중반 《On Becoming a Servant-Leader》라는 책이 출판되면서 세계의 경영학자들이 관심을 갖게 되었다. 이 개념을 처음 제시한 그린리프에 따르면, 서번트 리더십의 기본 아이디어를 헤르만 헤세 Herman Hesse 가 지은《동방으로의 여행 Journey to the East》에서 얻었다고 한다.

소설의 주인공 레오 Leo 는 순례자들의 허드렛일이나 식사 준비, 그리고 악기를 연주하는 사람이었다. 레오는 순례자들에게 필요한 것들을 살피고, 그들이 지치지 않도록 세심한 배려를 했다. 그러던 어느 날 갑자기 레오가 사라지는데, 이에 당황한 순례자들은 쉽게 피곤했고, 심지어 지친 순례자들 사이에서는 싸움이 잦았다. 결국 그들의 여행은 중단되고 말았다. 비로소 레오의 빈자리와 그의 소중함을 깨닫게 된 순례자들은 레오가 진정한 리더였음을 알았다는 내용이다.

서번트 리더십은 구성원들이 공동의 목표를 이루어나가는 데 정신적·육체적으로 지치지 않도록 곁에서 돕는 리더십이다. 즉 섬김과 배려, 존중을 바탕으로 구성원들의 잠재력을 이끌어내는 리더십이다. 우리에게 익숙한 전통적·위계적 조직에서는 리더가 가부장적인 모습을 갖기 쉽다. 권한과 책임을 혼자 독점하려는 모습이 매우 강하다. 하나부터 열까지 일일이 지시하고 점검한다. 이래서는 복잡 다변화한 세상에서 성과를 낼 수 없다. 몇 해 전에 죽은 미래 경제학자 피

Working Father

터 드러커에 따르면, 앞으로는 조직 내부에서조차 지위의 구분이 사라질 거라고 한다. 상사의 지시와 감독이 더 이상 아랫사람에게 통하지 않을 거라는 말이며 오늘날 그의 예견은 어느 정도 맞아떨어지고 있다. 리더십의 패러다임이 변하고 있다. 워킹파더들도 변화에 대응해야 한다. 조직과 가정에서 일방적인 권위보다는 배려가 깃든 서번트 리더십으로 대응해야 위기를 극복할 수 있다. 그 방법은 조직에서든 가정에서든 갈등의 근본 원인을 밖에서 찾지 말고 내 안에서 찾아 스스로 고치는 것이다. 상대방을 이해함으로써 내면의 영역을 확장해 가려는 자세가 필요하다. 상대 위에 군림하거나 관리하려는 태도를 버리고 봉사, 헌신함으로써 갈등의 뿌리를 해소함과 동시에 조화를 이뤄내야 한다. 서번트 리더십 안에는 앞장에서 밝힌 소통, 스킨십 등의 얘기가 모두 포함된다. 오늘부터라도 워킹파더들은 서번트 리더십에 관심을 갖기 바란다.

서번트 리더십은 여성형 리더십의 또 다른 유형으로 볼 수도 있다. 우리나라에서는 강력한 카리스마를 갖추고 뛰어난 돌파력과 막강한 능력을 지닌 누군가가 험한 길을 이끌어주는 독단형·권위형 리더십에 아낌없는 박수를 보내주었다. 여성형 리더십과 대비되는 남성형 리더십의 전형이다. 그러나 지금은 여성형 리더십, 또는 서번트 리더십이 필요한 때다. 이 리더십의 출발은 '탈 권위'에서부터 출발한다.

가정에서도 마찬가지다. 1세대 아버지들이 권위에 기초한 가정을 꾸려왔지만 지금 우리 사회는 존경형 아버지를 갈망한다. 딱딱함보다는 부드러움이 더 잘 먹힌다는 얘기다. 앞서 장황하게 설명한 서번트 리더십과도 맥이 닿아 있다.

서번트 리더십에서는 '리더십=카리스마'라는 공식이 성립되지 않는다.

서울대학교의 한 경영학과 교수는 얼마 전에 있었던 강의에서 "SK 최태원 회장이 재벌 2세 가운데 가장 먼저 기업경영을 정상 반열에 올려놓았다"고 밝힌 적이 있다. 경영 지표가 2000년 초 SK 위기 때와 달리 빠르게 양호해졌다는 것이다. 최회장은 SK 내에서 '서번트 리더십' 열풍을 일으킨 장본인이다. 소비자의 욕구를 빠르게 읽어내는 고객 중심주의와 이에 맞춰 조직의 구조를 신속하게 변신시키는 SK만의 노하우가 서번트 리더십에서 비롯되었다고 해도 맞는 말이다. 최회장은 소외된 가정을 직접 찾아가 손수 도배, 장판, 페인트칠을 마다하지 않는다고 한다. 뿐만 아니라 장애인들과 함께 즐거운 시간을 나누는 등 털털한 현장 참여를 통해 직원들의 마음을 얻었다.

SK 와이번스 김성근 감독도 서번트 리더십의 대표주자다. 그는 모든 선수의 장점을 파악하고 있다가 시합 도중 적재적소에 투입하는 능력으로 잘 알려져 있다. 이는 팀플레이 위주의 경기운영이 가능하도록 만든다. 김감독은 선수 각 개인에 대한 원 포인트 레슨뿐 아니라 인생과 야구에 대한 대화에도 인색하지 않다. 이처럼 선수들의 고충과 장기를 잘 파악하고 있는 김감독의 용병술은 유리한 경기로 이끄는 원동력으로 작용한다.

이명박 정부의 대통령직 인수위원장을 맡았던 이경숙 숙명여대 전 총장 역시 서번트 리더십의 전도사다. 그는 14년간의 총장 재임 기간 내내 섬기는 리더십을 최고 덕목으로 제시해 왔다. 인수위 시절에도 "국민을 섬기는 인수위가 되어야 한다"면서 서번트 리더십에 기초한 인수위 운영을 강조했는데, 그가 말하는 섬김의 리더십은 인간 존중에서 출발한다. 높은 지위와 함께 수반되는 리더십보다는 본인 스스로 타인을 잘 챙기고 잠재력을 쌓아가는 리더가 필요한 시대라고 강조한다.

세종대왕도 섬김의 리더십을 실천한 대표적인 인물이다. 백성을 나라의 근본으로 삼고 일평생 백성들의 먹고 사는 일을 해결하고자 정성을 쏟았다. 세계적인 문자 한글 창제는 섬김의 정치의 최종판이라고 볼 수 있겠다. 더구나 세종은 인재들과 끊임없는 토론과 논쟁을 벌이면서 탁월한 소통의 리더십도 발휘했으며 세종 본인이 스스로 계획, 진행한 정책에 직접 헌신적으로 몰입해 솔선수범을 보였다.

물론 권위형 리더십도 여전히 시대의 주기마다 또는 개인의 특성에 따라 주요한 덕목으로 자리 잡을 것이다. 다만 크게 주목받지 못했던 소프트 파워에 대한 관심, 즉 서번트 리더십의 부각은 존경형 아버지를 추구해야 하는 사회에서 반드시 필요한 부분이다.

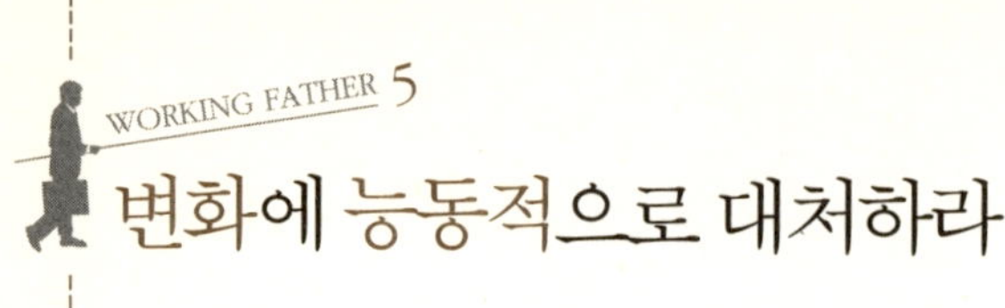

변화에 능동적으로 대처하라

역사를 되돌아보면 모계사회와 부계사회가 교차해서 나타나곤 했다. 지금은 세계적으로 부계사회의 모습이 강한 편이지만, 그 경계가 차츰 희미해져가고 있다. 남녀평등이라는 트렌드가 널리 퍼지면서 부계 중심 사회에서 벗어나고 있다. 이렇듯 시대가 변해감에 따라 가정의 역할도 변하고 아버지의 위상도 그에 따라 변하게 마련이다. 그렇다면 미래 시대의 아버지 역할은 어떤 방향으로 전개되어야 바람직할까. 나는 이 같은 질문에 대한 답을 구하기 위해 세계적인 베스트셀러 《드림 소사이어티》의 저자 롤프 옌센을 만난 자리에서 가정의 미래와 아버지의 역할에 대해 자문을 구한 적이 있다. 2008년 국내 모 그룹 컨퍼런스의 강사로 그가 초청받아 방한했을 때였다. 옌센은 앞으로 전개될 미래사회와 가정의 변화에 대한 나름의 시각을 《드림

소사이어티》라는 책에 담았다. 그는 우리가 사는 모습이 농경사회를 거쳐 산업사회, 정보사회에 이어 드림소사이어티로 발전할 거라고 예측했다. 그가 주장하는 드림 소사이어티란 간단히 말해 이렇다.

지금 이 시대가 더욱 빠르고 정확하며, 가치 있는 정보를 소유한 기업이 우위를 점하는 '정보화 시대'라면 소비자들이 이성적인 판단보다는 감성에 이끌려 상품의 구매결정을 내리는 시대가 '드림 소사이어티'다. 쉽게 말해 제품 자체만 필요하거나 제품의 효율성을 크게 따지지 않는다는 말이다. 소비자가 운동화를 구매할 때에는 슬램덩크하는 마이클 조던의 이미지에 끌린다. 즉 기업들은 단순히 상품만이 아니라 그 상품에 꿈과 감성을 담아서 판다. 이렇듯 조금씩 변해가는 사람들의 생각을 염두에 두고 접근해야 한다. 이런 사회적 변화에 맞춰 가정과 아버지의 역할에도 일대 변화가 일어난다는 게 옌센의 주장이다. 나는 취재차 만난 옌센과 여러 가지 얘기를 주고받았는데, 여기서는 두 가지만 소개한다.

나는 덴마크 출신이다. 우리나라는 오래 전에 이미 페미니스트 운동이 일어났다. 사실 아내도 페미니스트다. 가정의 변화에 대해 두 가지를 이야기하고 싶다. 먼저 성의 평등이다. 성의 평등은 매우 오래

되고도 지속적으로 발생하고 있는 트렌드다. 앞으로 더욱 많은 나라에서 여성이 직업 갖는 모습을 볼 수 있다. 아울러 지금보다 더 많은 아버지가 자녀를 돌보는 일이 늘어날 것이다. 이런 현상은 급속도로 번지지는 않지만 이 방향으로 계속 움직일 거라고 생각한다. 유럽에서는 전통적인 가정주부가 거의 사라지고 있다. 서유럽에서 가정주부를 찾아보기란 쉽지 않은 일이다. 이런 현상은 아주 보수적인 국가에서도 나타나고 있다. 수세기 동안 매우 밀접하고도 강한 연대감으로 구성된 가족구조가 북유럽과 미국 등에서 느슨해지고 있다. 통계를 보면 결혼한 커플 가운데 절반 정도만이 죽을 때까지 함께 산다. 달리 말하자면 당신이 결혼생활에서(죽을 때까지) 생존할 확률은 절반 정도라고 보면 맞다. 이 수치는 그리 높은 편이 아니다. 그러나 최근의 통계는 새로운 사실을 알려준다. 다름 아닌 이혼율이 점차 낮아지고 전통적인 가치관이 힘을 얻고 있다는 점이다. 따라서 나와 다른 배우자의 성격이나 차이를 열린 마음으로 배려하고 이해하려 들수록 결혼생활에 좋은 결과를 얻게 될 것이다. 만약 남자들이 "우리는 성향이 같아야 한다. 똑같은 사고방식을 가져야 한다. 같은 방식으로 일해야 한다. 같은 것을 믿어야 한다"는 식으로 주장하고 밀어붙인다면, 이혼으로 가는 지름길이 될 것이다. 서로가 여유를 가지고 차이점을 인정하는 게 중요하다.

사실 가족구조는 우리를 더욱 타이트하게 얽어매는 경향이 있는데, 그럴수록 이혼이란 문제가 불거질 수 있다. 내가 듣기로 한국은 가부장적 사회라고들 이야기한다. 이는 문제가 될 수 있다. 나는 그 해법으로 '애정 어린 가족주식회사'를 제시하고 싶다.

이해하기가 어렵지 않은 내용이다. 그러나 옌센이 우리에게 조언하는 가족상이 예사롭지 않다. 그는 앞으로 등장할 가정을 '애정 어린 가족주식회사'로 내다봤다. 재미있는 표현이다. 그렇다면 '가족주식회사'란 무엇일까.

우리도 그렇지만 이미 선진국에서는 맞벌이 부부가 대세를 이루고 있다. 아울러 직장에서는 남녀 비율이 점차 비슷해지는 방향으로 전개되고 있다. 옌센은 어린이와 청소년들이 앞으로는 훨씬 독립적으로 생활할 것이고 부모로부터 일찍 벗어나 소신껏 자기주장을 펼칠 거라고 한다. 이들은 새로운 소비 패턴을 보이게 될 것으로 전망하는데, 이 같은 일련의 과정에서 가족 구성원들이 각각의 파트너로 역할하게 될 거라고 한다. 이것이 '가족주식회사'란다. 그런데 어째 좀 삭막하지 않는가. 앞으로는 사회의 중심이 가족에서 직장으로 넘어간다는 말이며, 사람들은 앞으로 일과 가족 사이에서 고민하게 된다는 거다. 그런데 우리가 한 가지 놓치고 있는 점이 있다. 어찌 되었든 간에 그래도 가족이 가장 중요한 때가 있다는 점을 보여주어야만 가족의 가치가 살아남을 수 있는 것이다. 따라서 '애정 어린' 이라는 의미가 중요하다.

이혼이 흔한 시대가 되었기에 누가 이혼했다는 얘기에 무덤덤한 반응을 보인 지 오래지만, 누가 뭐래도 결혼은 평생 동안 지속되어야 한다. 이렇듯 결혼이 평생 지속되려면 지금보다 더 많은 도전에 직면할 것이다. 가족의 가치는 더 이상 '당연히 받아들여지고 모든 걸 포용해 주는' 그런 개념이 아니다. 가족의 가치도 경쟁에 직면할 거란 뜻이다. 그럼에도 불구하고 중요한 것은 '행복한 가족' 에 대한 꿈은 여전히 버리지 말아야 한다는 점이다. 행복한 가족은 애정 어린 각종 표현과 방법으로 만들어질 수 있다.

옌센에 따르면, 가족들은 행복의 요소를 갖춘 상품들 즉 사랑, 영원한 가치, 마음의 평화 등을 나타내는 상품들을 더 구매할 것이라고 본다. 따라서 미래에는 서로 경험을 나누며 가족이 함께 시간을 보낼 수 있는 장소에 대한 요구가 더욱 커질 것이다. 과거 아버지 중심의 권위가 사라진 현재, 가족 사이의 이해를 충족하고 행복한 가정을 만들려면 서로의 차이를 인정함과 동시에 '애정 어린' 관계를 유지할 수 있는 방법에 대해 많은 고민을 해야 한다. 롤프 옌센이 주장하는 '드림 소사이어티' 가 우리의 현실과 동떨어진 이야기로 들릴 수도 있다. 나 역시 그런 의구심이 들어 그에게 이런 질문을 던졌다.

"드림 소사이어티는 사실상 선진 국가의 경영전략이 아닐까요? 농경, 산업, 정보화, 드림소사이어티로 이동한다고 말씀하시는데, 사실 후진국 입장에서는 꿈보다는 밥, 또는 공장이 더욱 절실합니다."

이에 옌센은 "그렇다"고 동의하면서 결과적으로 드림 소사이어티로 모든 국가가 이동할 거라는 소신을 굽히지 않았다. 사실 드림 소사이어티가 대한민국 미래 사회를 정확히 반영할지 여부는 알 수 없다. 그러나 이미 선진국에서는 이런 흐름으로 움직이고 있으며, 우리 사회 일부에서도 이와 유사한 방향으로 흘러가고 있다. 중요한 것은 가족 구성원 사이의 관계가 느슨해지고 무미건조한 집안 분위기가 되지 않도록 역할하려는 아버지의 노력이다.

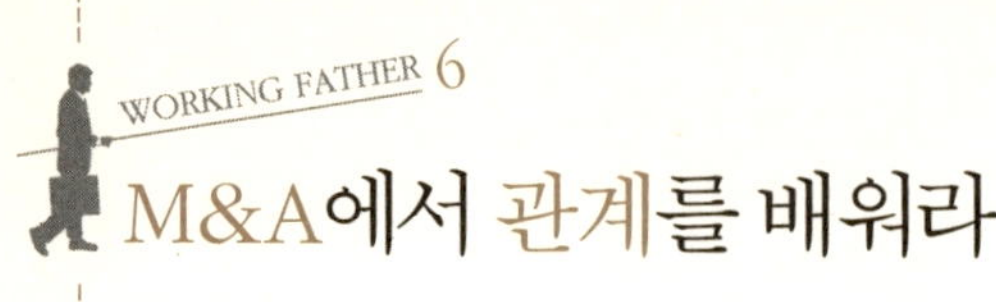

M&A에서 관계를 배워라

요즘 젊은 사람들의 결혼관을 살펴보면 달갑지 않다. 돈, 학벌, 외모 등을 가장 우선시하는 아주 현실적인 세대라는 지적도 많다. 그렇다면 예전에는 어땠을까. 주로 집안 사이의 결혼이었으니까 과거에도 백그라운드를 많이 선호하긴 했다. 사랑으로 맺어지는 결혼은 예나 지금이나 소중한 가치로 받아들여지지만 자본주의 사회가 고도화되고 발달할수록 사랑의 가치가 퇴색되고 있는 것 같다. 그리고 우려도 많다. 인간 본연의 모습에 대한 냉철한 판단보다 외형적인 요건에 관심이 너무 많이 쏠려 있는 분위기다.

치열한 계산과 탐욕이 난무할 것 같은 기업 간 인수합병 시장이 차라리 요즘 결혼관보다 더욱 기본적인 요건들을 소중히 여기는 것 같다. 기업 간 인수합병을 흔히 인간 세계의 결혼과 비유하는 일이 많다. 그런데 요즘에는 인간의 결혼관이 오히려 기업 간 인수합병의 최근 트렌드를 보고 배워야 하는 게 아닐까 싶을 정도다.

얼마 전까지만 해도 기업 간 인수합병은 '돈질만 잘해서 성사시키는 것'으로 이해되곤 했다. 물론 지금도 코스닥기업을 놓고 작전 세력들의 사고 파는 사건이 종종 터지곤 한다. 그러나 대기업들의 요즘 인수합병 흐름을 보면 과거와 많이 달라졌다. 결혼과 비유했을 때의 돈, 학벌, 외모 등 외부로 드러난 형식과 요건만을 따지지 않는다는 말이다. 최근 들어 관심을 끄는 것은 인수자의 도덕성과 평판, 인수 후 양측 회사의 시너지 효과 등을 가리키는 비가격 부문인데, 이들 요소가 인수자 선정에 큰 영향을 미친다. 결혼으로 따지자면 결혼 상대의 사람 됨됨이와 주변 사람들의 평판, 그리고 잠재성을 중요하게 따진다는 뜻이다. 아울러 두 사람의 궁합이 맞을지 여부를 중요하게 본다.

최근의 인수합병 시장에서 화두로 떠오른 게 하나 더 있다. 인수 후 통합 문제가 바로 그것이다. 만약 인수 후 통합이 쉽지 않을 것이라고 판단되면, 아예 인수 딜 자체를 포기하는 일이 자주 벌어진다. 단지 상대방의 아름다운 외모나 돈 또는 학벌만 따져보고 난 후, 무작정 결혼하고 보자는 식의 일이 최근 기업의 인수합병 시장에서는 통하지 않는다. 기업들이 인수 후 합병에서 중요하게 여기는 요소들

Working Father

이 몇 가지 있다. 첫째, 기업의 문화를 통일하는 일. 둘째, 인사 관리를 효과적으로 적절하게 배치하는 일. 셋째, 사업의 연관성을 극대화하는 일이다.

과거에는 인수합병을 시도한 기업들이 인수 대상 기업을 어떻게 문화적으로 동질화시킬 것인가에 대하여 큰 문제 삼지 않았다. 어차피 내가 선택해서 내 돈으로 사들인 회사인데 인수 이후 통합 문제를 고민할 필요가 없다는 생각에서다. 당연히 인수되는 기업 스스로가 주인 회사에 맞춰야 한다는 계산이다. 과거 가부장제 사회에서 여자가 남자 집으로 시집와 그 집의 규칙에 꿰맞춰 살아야 했던 것과 같은 이야기다. 그런데 문화적 동질감을 맞추지 못하면서 기업 내부 통합에 균열이 생긴다. 양측 회사 직원들이 문화적 동질감을 공유하지 못한 상태라면 경영진에서 내려오는 지시사항이 제대로 전달되지 않는다. 한가족이라는 연대감이 없다보니 좋은 아이디어나 자발적인 행동이 뒤따를 수도 없다. 그래서 두 회사가 합쳐졌더라도 경영 성과가 기대 이하로 나오거나 심한 경우 파행으로 치닫는 일도 많았다.

기업들이 인수 후 합병에서 중요하게 여기는 요소들이 가정에도 그대로 적용할 수 있다. 첫째, 가족 구성원 사이의 문화는 동질감을 바탕으로 만들어져야 한다. 식구도 몇 안 되는데, 각자 따로 노는 집안치고 잘 되는 집 별로 못 봤다. 문화가 서로 다르면 당연히 주장과 목소리가 높아진다. 한마디로 바람 잘 날이 없다.

둘째, 가족 구성원 사이에 효과적인 역할 분담이 이루어져야 한다. 남자가 할 일 따로, 여자가 할 일 따로 있는 세상이 아니다. 때로는 남편이 주부 역할을, 아내가 가장 역할을 맡아야 할 때도 있다. 케케묵은 옛 사고방식에 사로잡혀 역할 부분에서 남편 또는 아내가 자존심만 내세운다면 절대 행복할 수 없다.

셋째, 가족의 행복을 극대화하기 위한 노력에 게을러서는 안 된다. 성이 다른 남녀가 만나 사는 이유는 행복하기 위해서다. 어느 한 쪽의 희생을 강요하거나 강요당해서는 안 된다. 두 사람의 장점은 늘 극대화하고 단점은 최대한 가려주면서 사는 게 바람직한 인생일 것이다. 위에서 말한 세 가지는 매우 중요하다. 어느 한 가지라도 불협화음이 생기면 이혼이라는 극단적인 결정을 내리기가 쉽다. 가정이라는 구성에서 그 중심에 있는 아버지들이 마음 깊이 되새겨야 할 내용이다.

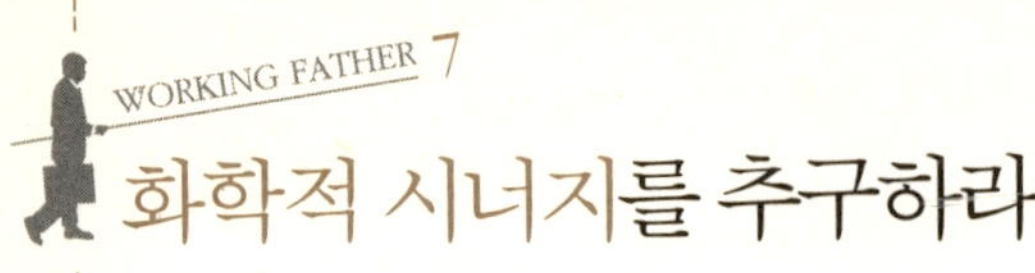

화학적 시너지를 추구하라

가정의 화목에도 이제는 시너지 효과가 요구될 전망이다. 지금은 아버지는 아버지대로 아내와 자녀들은 개별적으로, 또 독립적 사고방식과 생활을 가져가려는 시대다. 가부장적인 사회에서는 아버지의 권위가 먹혔지만 지금은 세상이 달라졌다. 상명하달식 이야기는 아내와 자녀들의 공감대를 얻지 못해 힘을 잃은 지 오래다. 나는 가정에서도 시너지 효과를 곰곰이 따져볼 때가 되었다고 생각한다.

잘 알다시피 시너지 효과란 1+1이 2 이상의 효과를 얻는 걸 말하는데, 이를 우리말로 풀면 상승효과相乘效果다. 사전적인 의미는 '하나의 기능이 다중多重으로 이용될 때 생성되는 효과'다. 가령 편의점에서 간단한 응급처방에 도움이 되는 약품을 판다면 약품 판매에 드는 물류비용을 줄이면서도 효과적으로 진열할 수 있다. 또 새롭게 선보이는 어떤 제품에 기존 유명한 상표를 붙여 파는 일도 시너지 효과를 노린 노림수다. 그런데 시너지 효과에는 기계적 시너지 효과(1+1=3 정도를 만드는 것)와 화학적 시너지 효과(1+1=4 이상을 만들어내는 것) 두 가지로 구분해서 설명할 수 있다. 둘 다 1과 1이 가지고 있는 특성을 넘어서 새로운 형태의 결과물을 만들어내는 효과다. 예컨대 A회사와 B회사를 합쳐 새로운 C라는 회사를 만들었다고 하자. 이때 C회사의 직원 수가 늘고 시장점유율이 확대되는 수준이라면 기계적 시너지 효과다. 그런데 A와 B를 합쳐서 전혀 새로운 형태의 비즈니스 모델을 구축한다면 이는 화학적 시너지가 발생한 것이다. 본사가 제품 마케팅과 아이디어를 전담하고 나머지 생산 및 원천기술 등의 부분은 협력사에 넘겨 새로운 제품을 생산해 낸 애플의 아이팟이 대표적인 예다. 단순한 기계적 결합을 통해 덩치만 커지는 수준이 아니라 양측의 장점과 잠재력이 최대한 반영되는 것이 화학적 시너지다.

이미 눈치 빠른 독자들은 내가 무엇을 주장하려는지 감 잡았을 것이다. 그렇다. 나는 가정에서도 기계적 시너지 수준을 넘어서 화학적 시너지를 추구하자고 말하려 한다. 남자와 여자가 결혼해서 가정을 꾸리고 아이 낳아 함께 저녁 먹는 모습은 가정의 화목을 도모하는 기계적 시너지다. 남성 집안과 여성 집안이 모여 하나의 집안이 되는 것 역시 기계적 시너지 수준이라 할 수 있다.

Working Father

어느 토요일 오후, A와 B 두 가정의 풍경을 한번 살펴보자.

우선 A가정의 모습이다. 아버지는 바쁜 일상 때문에 그동안 만나지 못했던 대학교 동창들과 술 약속이 있다. 아내는 부녀회 모임에 나가고 아이들은 친구들과 PC방에 가 있다. 다들 개별적으로 볼 때엔 의미 있는 모임이다. 그러나 이런 모습에서 가정의 참 의미를 찾아보기란 쉽지 않다. 시너지 효과가 전혀 발생하지 않은 가정의 모습이다.

반면에 B가정은 이렇다. 아버지는 몇 주 전 자신의 동창생들과 아이들을 위한 자연학습 생태마을을 찾기로 약속했다. 오늘은 그들이 한데 모이는 날이다. 만약 이 모임이 아버지 동창생들과 그 가족이 모두 모여 상견례를 하고 식사하는 자리라면 기계적 시너지 효과만 발생한다. 그런데 모임을 넘어 자연학습 생태마을에 간 것이기 때문에 동창생 가족모임을 넘어선 전혀 새로운 효과를 불러일으킨다는 점이 화학적 시너지 효과를 내었다고 볼 수 있다.

화학적 시너지 효과는 가족 구조가 위기를 맞고 있는 현 시점에서 우리에게 시사하는 바가 적지 않다. 아내와 자녀 모두가 독립적인 사고방식에 익숙하고 개인생활을 더 많이 하게 되면서 가정에 위기가 왔다. 물론 독립적인 사고와 개인생활의 확대가 잘못이라는 건 아니다. 거역할 수 없는 시류의 흐름이기 때문이다. 더욱 중요한 건 이런 시류를 반영하면서, 즉 독립성을 보장하고 개체의 자율성을 충분히 존중하면서 가정의 의미를 일깨우는 일이다. 이는 화학적 시너지 효과를 통해 가능하다. 항상 그런 것은 아니지만 화학적 시너지를 내기 위해서는 누군가가 화학작용이 잘 일어날 수 있도록 촉매 역할을 해야 한다. 센스 있는 아내가 특별한 제안을 해서 가족 내부에 더욱 과적이고 긍정적인 일이 일어날 수도 있고, 재롱을 잘 부리면서도 명석한 자녀가 부모에게 그런 요청을 할 수도 있다. 그러나 이 같은 요청을 누군가에게 내맡겨서는 안 된다. 바쁘고 힘들며 귀찮을 수도 있겠지만 아버지인 당신이 직접 십자가를 짊어지고 나서야 한다.

아버지의 위상이 흔들리고 있음을 서운해하고, 분노하며 누구를 탓하기에 앞서, 당신 스스로가 주도성을 갖고 일을 벌여보라. 화학적 시너지는 절로 일어나는 법이 없다. 지금 이 순간부터 뜨거운 도화선이 되어 잠들어 있는 가족의 결속력을 강력하게 터뜨려 풍요한 행복을 만끽해 보라.

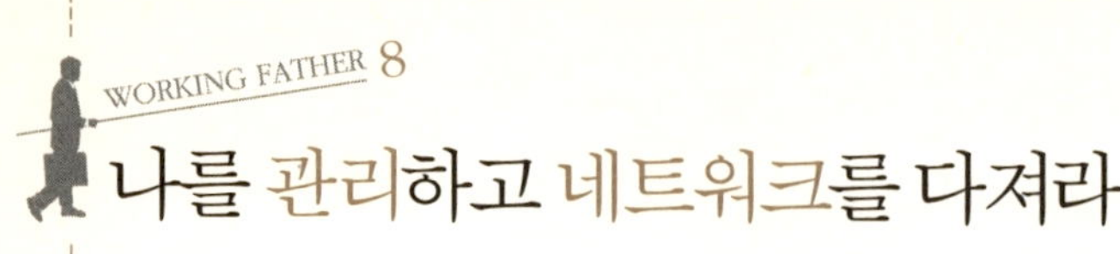

나를 관리하고 네트워크를 다져라

신문을 읽다 보면 회사의 창립기념일에 10년, 20년 동안 장기근속한 사람을 포상했다는 기사가 사진과 함께 실리는 일이 종종 있다. 알다 시피 장기근속 포상 제도는 점차 우리 시대에서 사라지고 있다. 그러 니 신문에 날 일이다. 장기근속 10년을 채우는 것 자체가 쉽지 않은 모양이다. 취업을 위해 몰려든 입사 지원생들은 면접 인터뷰에서 한 결같이 이렇게 말한다.

"한평생 이 회사를 위해 몸과 마음을 바쳐 열심히 일하겠습니다!"

평생 동안 회사를 위해 열심히 일하겠다니 내심 기특할 수도 있으 나, 한편으로는 보면 회사도 직원을 부담스러워하지 않을까 싶다. 요즘 등장하는 광고 중에는 이런 내용도 있다. 여자친구를 오토바이 뒤에 태운 남자가 '평생 사랑할거야!' 라고 말하자, 여자는 오토바이에서 내려 뒤도 안 돌아보고 도망간다. 이렇듯 사랑도 평생 동안이라면 부담스러운 시대다.

기업의 노동 강도는 갈수록 높아지고 최근처럼 경기침체가 심화된다면 핵심 인재와 비핵심 인재에 대한 옥석가리기가 확실하게 드러나기도 한다. 내가 회사에서 어느 정도 위치에 있는지 투명하게 가늠할 수 있는 시기이기도 하다. 잭 웰치 전 GE(제너럴 일렉트릭) 회장은 회사 재직 시절 조직 구성원을 상위 20%는 핵심 정예, 70%는 중간층, 10%는 하위층으로 구분해서 운영하는 '활력곡선Vitality Curve' 이론을 적용하여 화제를 불러일으켰다. 이 이론은 이탈리아의 경제학자 파레토가 주장한 '20 : 80' 법칙의 개념을 빗댄 것이라 한다. 현재 대부분의 MBA 스쿨에서는 잭 웰치의 활력곡선을 교재로 사용하는데, 남보다 한발 앞선 경쟁력을 길러야 하는 오늘날, 핵심 인재를 키워내는 데 필요한 모델로 여긴다고 한다. 웰치는 서슴없이 하위 10%에 대해 "GE의 경우 조직의 경쟁력을 깎아먹는 하위 10%에게 당신이 하위에 속한다는 것을 이야기해 준다"고 거침없이 말한다. "그들의 불만과 반발이 있지 않느냐?"는 혹자의 질문에 그는 "이렇게 처음부터 확실히 정리해 주면 하위 10%에서 벗어나고자 노력할 것이고, 그게

Working Father

아니라면 본인에게 더 잘 맞는 일을 찾아갈 것이다"라고 설명한다. 아무 말 없이 수십 년간 근무하도록 한 뒤에 성과가 떨어진다는 이유로 갑작스럽게 직원을 해고한다면 피고용인이나 고용인이나 모두 난감할 거라는 말이다. 오히려 잭 웰치는 "처음부터 능력이 부족한 사람에게 상시적인 구조조정의 대상자라는 점을 알려줌으로써 회사가 직원에게 본인의 성과를 솔직히 알려주는 일종의 배려이자 호의라고 생각한다"고 밝혔다. 얼핏 들으면 궤변처럼 여겨질 수도 있겠다. 그러나 노동유연성이 높은 미국에서 실제로 벌어지고 있는 일이다. 그런데 우리가 주목해야 할 점은 GE의 인재관리 방식이 우리나라에서도 각광받고 있으며 점차 확산 추세를 보인다는 것이다.

워킹파더들은 어느 정도 시대에 적응할 만하다 싶으면 또 다른 난제에 부딪히곤 한다. 한숨 돌릴 여유도 없이 늘 그래왔듯 앞만 보고 내달려야 하는 팔자다. 당연히 구두굽이 닳을 수밖에 없다. 10년, 20년 근속을 내심 어찌 바라지 않겠는가마는 현실은 차갑고 냉정하다. 회사에 몸담고 있는 워킹파더들은 자신이 평범한 직장인으로의 수명이 오래 가지 못할 것이라는 운명을 잘 안다. 가족들은 아버지를 보며 늘 힘이 세고 오래가는 '에너자이저'가 되어주기를 바라지만, 처진 어깨만으로도 그렇지 못하다는 분위기를 알아차려야 한다. 워킹파더들은 이를 극복하기 위해 오늘도 서점으로 발길을 향한다. 이런저런 자기계발서와 경제경영 관련 도서를 탐독함으로써 살아남고자

발버둥을 친다. 못 다한 외국어도 공부도 해야 하고 무엇이 되었든 간에 기웃거릴 만한 게 있으면 이것저것 둘러본다.

지금 이 순간에도 직장인들, 즉 워킹파더들은 두 가지 선택의 기로에 있다. 하나는 회사에서 스페셜리스트로 승승장구하며 임원까지 오를 수 있도록 전문성을 더욱 가다듬는 데 투자할 것인가 하는 고민. 또 하나는 적당히 버틸 수 있을 때까지 근무하다가 퇴직 후 제2의 인생을 위해 지금부터 착실히 준비하기다. 둘 중 하나의 길을 확실히 선택해서 잘 준비하는 일은 나에 대한 투자비용과 시간, 그리고 투자 방식에 대한 개념을 명확히할 수 있다는 점에서 바람직하다. 좀더 이상적인 태도는 부지런을 떠는 한이 있더라도 회사에서 스페셜리스트로 성공함과 동시에 제2의 인생에 대한 준비도 착실히 쌓아가는 길일 것이다. 두 마리 토끼를 모두 잡을 수 없다는 말이 있지만, 나는 당신에게 토끼 두 마리를 모두 잡을 수 있는 몇 가지 팁을 소개하겠다.

우선 네트워크를 크게 넓혀놔야 한다. 스페셜리스트로 거듭나기 위해 전문적인 모임을 물색하는 것도 필요하다. 일례로 조찬행사에 가보면 관련 업종의 최고 전문가들과 정책 결정권자들이 주로 모인다. 내용은 매우 압축되면서도 최근 상황을 정확히 짚어주는 주제들이 대부분이다. 시간을 아껴서 모이는 만큼 효율성을 극대화해야 하기 때문이다. 최고 경영자들은 조찬행사에 참석하는 경향이 높다. 점심이나 저녁시간 스케줄은 주로 꽉 차 있기 때문에 조찬행사를 찾는 것이다. 이 행사에서는 CEO들도 상대방에 대해 굳은 자세를 보이지 않는다. 스페셜리스트가 되려면 선택해 봄직한 일이다.

운동을 통해서도 네트워크 관리가 가능하다. 지금까지 내가 제시한 모든 조언도 실은 몸이 건강해야 실천 가능한 일이다. 건강에 자신이 있어야 나의 능력이 발휘될 수 있음은 두 말할 필요조차 없다. 스페셜리스트들은 건강 관리를 위해 주로 헬스장을 찾는다. 그것도 오전에 말이다. 헬스장은 단순히 운동만 하는 곳이 아니다. 이곳은 사교의 장으로 활용되는데, 실제로 많은 사람들이 헬스장을 커뮤니케이션 장으로 활용한다.

모 대기업의 왕부장은 자신의 사장님이 회사 인근에 자리한 헬스장으로 매일 아침 6시 30분에 운동하러 온다는 사실을 알았다. 왕부장은 평소 퇴근 후 집 근처 공원에서 몸 관리를 해왔는데, 사장이 다니는 헬스장 이용권을 끊었다. 자연스럽게 왕부장은 사장과 대화 나눌 수 있는 계기를 만들 수 있었다. 그리고 왕부장은 몇 달 뒤 상무로 진급했다.

○ ● ○

과장이나 부장급에 있는 사람이라면 자기 업무와 연관 있는 각종 모임을 찾아 등록하고 스페셜리스트들과의 관계를 구축해 두는 게 좋다. 예컨대 당신이 증권사 직원이라면 인수합병 관련 수강을 듣는 식이다. 국내 인수합병 관련 모임은 갈수록 늘고 있다. 보통 수료증을 받기까지 약 100만 원쯤 들어간다. 이 코스를 수료하면 평생 정보를 공유할 수 있는 수십 명의 동지가 생긴다. 인사 관련 부서에 있는 사람이라면 인재 관련 포럼 등에 가입하면 좋다. 이곳에서 다른 회사의 인사관리 방식을 공유할 뿐만 아니라 뛰어난 능력을 갖춘 인재를 스카우트할 수 있는 기회가 생기기도 한다. 이렇듯 자기 일과 관련 있는 공식·비공식적인 모임을 찾아서 몇 군데 가입하는 건 많은 도움이 된다. 또한 자신의 브랜드 가치를 관리하는 일도 중요하다. 조직 안에서 아무리 잘 나가는 사람일지라도 퇴직하고 나면 자신의 가치가 아무것도 아니었음을 실감할 수 있다.

국내 굴지의 마케팅 전문 회사에서 부장을 지낸 강씨는 직장상사와 마찰이 생기자 과감하게 사직서를 냈다. 평소 워낙 출중한 능력이 있고 더불어 인맥까지 든든하다고 생각한 그는 혼자 사무실을 차려도 충분히 승산 있다고 생각했다. 그러나 그가 세운 회사는 오래 가지 못했다. 직장에 다닐 때만 해도 자신에게 자주 전화를 걸어오던 사람들이 하나 둘 외면하기 시작했다.

○ ● ○

회사에서 근무할 때에는 그 백그라운드가 얼마나 큰 도움이 되었는지 사람들은 알지 못한다. 따라서 평소 자신만의 브랜드를 만들어 사람들에게 각인시키는 노력이 필요하다.

잠시 나의 이야기를 해보겠다. 나는 사람들에게 건네어 줄 명함 앞면에 호를 새겨두었다. 명함은 주로 처음 만나는 상대방에게 주게 마련인데, 사람들은 호가 적힌 내 명함을 받고서 이런저런 질문을 한다. 출입처에 가서 처음 대면하는 임원들과 호에 대한 이야기만으로 1시간 이상 대화를 나눈 적도 있다. 하루에도 많은 사람들을 만나는 임원들조차 호가 새겨진 나의 명함에 대한 인상이 각별한 모양이다. 다음에 만나더라도 꼭 나의 호 또는 얼굴을 기억해 주니 감사할 따름이다.

최근에는 인터넷 환경이 워낙 발달해서 자신의 업무와 관련 있는 블로그에 개인 브랜드를 알리는 방법도 유행하고 있다. 아주 바람직하다. 자신의 능력을 한 단계 더 업그레이드하고 모자란 부분은 발빠르게 채워나가야 한다. 한평생 남이 아닌 자기 자신에게 투자하라. 느리고 더디지만 언젠가는 꼭 빛 볼 날이 올 것이다.

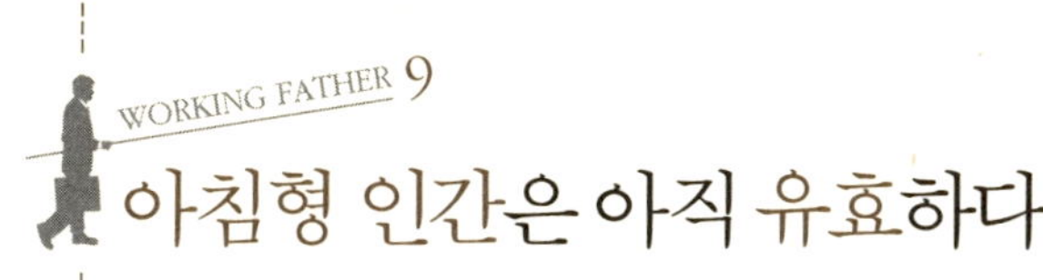

아침형 인간은 아직 유효하다

2008년 초 이명박 정부가 들어서면서 '아침형 인간'이 한번 더 유행처럼 번진 적이 있었다. 경쟁력을 갖춘 인재가 되려면 남보다 1시간 더 빨리 나와 일을 도모해야 승산 있다는 것이다. 공무원과 직장인을 비롯하여 대학생들, 심지어 주부들까지 아침형 인간형으로 거듭나기 위해 그 대열에 동참했다. 나의 주변에도 아침형 인간이 되려고 시도한 사람이 제법 많았는데, 오랫동안 이 습관을 유지하는 데 성공한 사람은 거의 못 보았다. 그로부터 1년도 지나지 않은 지금, 당시의 열정은 많이 퇴색한 듯하다. 공무원들 사이에서도 아침형 인간은 없었던 일처럼 사라져버렸다.

나는 워킹파더들이 가정 안에서 자신의 자리를 찾고, 회사에서 경쟁력을 높이려면 아침형 인간에 해답이 있다고 믿는다. 그렇다면 사람들이 아침형 인간이 되기 위해 시도했다가 실패하는 이유는 왜일까? 아마 다음의 세 가지 때문일 것이다.

첫째, 아침형 인간은 윗사람들에게 근면한 사람이라는 인식을 심어줄 수 있다는 점에서 직장인들이 한번쯤 시도해 본다.

2007년 대기업에 입사한 송씨는 회사 내부에서 칭찬이 자자하다. 신입사원이던 송씨가 아침에 출근하는 시간은 대략 7시. 웬만한 기업에서 7시까지 출근하는 사람은 흔하지 않다. 송씨가 아침 일찍 회사에 와서 특별히 하는 일은 없지만 송씨가 이 회사에 합격했을 때 그는 아버지로부터 한 가지 조언을 들었다. 송씨의 아버지는 아들을 키워보니 머리가 다른 사람보다 썩 좋은 편이 아니라고 생각했단다. 그렇다면 회사에서 인정받고 성공할 수 있는 비결은 머리가 아닌 몸을 쓰는 일이다. 다른 것은 다 뒷전에 두더라도 아침에 무조건 1등으로 회사에 출근하라고 말했다는 것이다. 2등으로 출근하면 아무 의미가 없다. 오직 1등 출근이 송씨의 살길이란 충고였다. 그의 말을 가만히 듣고 보니 재미있으면서도 일면 일리가 있다고 생각한다.

○ ● ○

사실 회사의 선배들은 아침에 일찍 출근하는 후배가 설령 작은 실수를 하더라도 성실하다는 이유 하나만으로 감싸주는 경향이 있다. 단 문제는 이처럼 성실성에서 점수를 따기 위해 아침형 인간을 선택하는 사람들은 그런 생활을 오래 버티지 못한다는 점이다. 아침형 인간으로 인정받아 인사고과나 기타 분야에서 성과를 거두려면 오랜 시간이 걸린다. 주변으로부터 성실하다고 인정받는 것은 무형의 자산이다. 따라서 노력한 것 만큼에 대한 대가치고는 작게 느껴질 수도 있긴 하다.

둘째, 흔히 아침형 인간이라고 하면 남들보다 1시간 일찍 출근해서 단순히 1시간 더 많이 일할 것으로 생각한다. 그러나 이는 아침형 인간에 대한 개념을 잘못 이해하고 있는 것이다. 하루 8시간씩 일하던 걸 9시간으로 늘린다고 일이 더욱 효과적으로 변할 수는 없다. 달리 말하자면 단순히 시간을 절대적이고 기계적으로만 따지지 말라는 얘기다. 아침에 새로이 얻게 되는 1시간의 위력을 제대로 느끼려면 시간을 달리 사용해야 한다. 아침형 인간이 되어 얻는 오전 한두 시간은 두 가지로 정도로 사용될 것이다. 하나는 자신이 맡고 있는 업무와 관련하여 오늘 하루의 전략, 즉 큰 그림을 그리는 데 쓰는 것이다. 다른 하나는 자신의 부족한 부분을 채울 수 있는 자기계발에 투자하는 것이다. 그런데 후자의 경우 굳이 아침형 인간이 아닌, 저녁형 인간이어도 할 수 있는 일이므로 전자의 경우가 아침형 인간을 차별적으로 만들어주는 것이 될 거라 본다. 이와 관련하여 증권사 직원들의 예를 소개하겠다.

우리 시간으로 이른 새벽, 뉴욕 증시가 마감되면 그들은 하루 시황을 점검한다. 그리고 전날 국내 증시의 변동성에 대한 문제를 파악한다. 오늘 우리 증시가 뉴욕발 증시 영향을 어떻게 받을지 두세 가지

시나리오로 구상해 두었다가 우리 시장이 개장됨과 동시에 업무를 순발력 있게 추진한다. 그러나 어떤 직원들은 출근하자마자 대충 수치만 파악하는 수준에 그칠 공산이 크다. 두 가지 부류의 차이는 단순히 오늘 하루 전체 그림을 조망하고 접근하는 데 마인드가 있느냐 없느냐다. 하지만 그 결과는 달리 나타날 것이 분명하다.

오전에 하루의 전략을 짠 아침형 인간은 남들보다 반나절을 일찍 살아간다는 장점도 있다. 이들은 오전에 큰 그림에 따라 대략 구체적인 전술적 업무들을 의욕적으로 추진해 점심 때가 되면 마무리 단계나 적어도 본격화 단계까지 끌어올린다. 점심 이후엔 오늘의 결과물을 만들어내고 동시에 시간적인 여유가 생겨 내일 추진해야 할 일도 오후에 미리 정리할 수 있는 여유가 생긴다. 그간 미루어 두었던 계획서도 작성하고, 사람도 만난다. 그런데 '나인 투 식스(아침 9시 출근, 오후 6시 퇴근)'에 길들여져 있는 사람은 오후 늦게 하루 일이 마감되고 퇴근을 앞두고서야 내일 일에 대해 고민하는 식의 삶을 산다. 물론 삶에 여유가 생길 리 없다.

셋째 아침형 인간을 추구하는 사람은 CEO형 마인드를 가져야 이 습관을 지속적으로 이어가야 한다. 아침형 인간을 시도했다가 실패한 사람들의 변을 들어보면 '회사에 일찍 와도 딱히 할일이 없다'는 얘기를 한다. 기가 막힐 노릇이다. 성실함이라는 덕목만을 목적으로 삼는 사람들이 바로 이 경우에 속한다. 이런 유형은 회사의 업무를 주어진 대로 처리하기 때문에 창조성이 발휘될 수 없다. 우리나라 CEO들은 아침형 인간이 많다. 상사가 이런 마인드를 갖고 있다면 부하직원들이 따라갈 수밖에 없는데, 평소 아침 시간을 어떻게 사용해야 할지 모르거나 시간 사용에 대한 전략이 없다면 아침형 인간으로 산다는 게 곤욕일 것이다. 직원들은 CEO의 스타일에 끌려가게 마련이기 때문이다. 괜히 아침 일찍부터 회사에 나와 따분한 시간만 보낼 수도 있다. 워킹파더인 당신이 아침형 인간으로 거듭나는 데 성공하기 위해서는 자신이 맡은 업무의 개선 방향을 고민하고 일을 빠르게 처리하기 위해 필요한 것이 무엇인지 큰 밑그림을 그려놓아야 한다. 업무에 주도성을 갖고 실제 업무에 적용해 보라는 말이다. 아침형 인간이 되면 회사의 핵심 인재로 발탁되거나 CEO 반열에 오를 확률도 높다. 명심하라. 공격이 최선의 방어다.

마지막으로 아침형 인간은 워킹파더들이 추구해야 할 모범적인 대상이다. 아침 일찍 움직이는 사람들은 잠도 일찍 잔다. 잠자리에 드는 평균 시간이 오후 11~12시 사이라고 하는데, 일찍 일어나 에너지를 많이 쏟아내는 만큼 저녁 시간에는 최대한 절제하는 모습을 갖는다. 저녁 시간을 절제할 수 있다면 건강에도 유익하고, 불필요한 술자리 등도 통제가 가능해진다. 무엇보다 가정에 더욱 신경 쓸 수 있는 시간이 생긴다. 그야말로 일석삼조다. 적극적으로 실천할 만한 이야기가 아닐까 싶다.

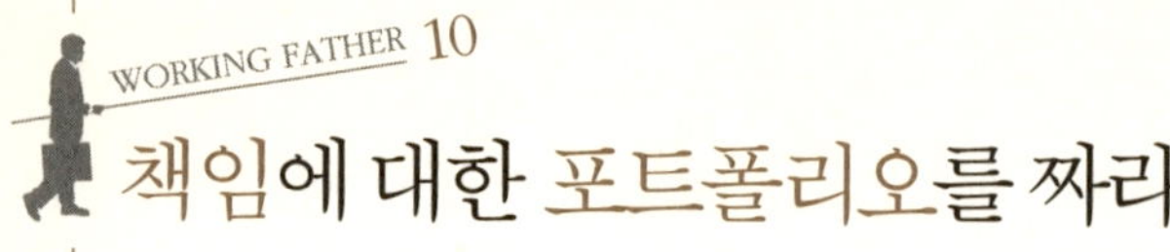

책임에 대한 포트폴리오를 짜라

만약 누군가가 당신에게 이런 조언을 했다고 하자.

'아버지인 당신은 과도한 책임감에 빠져 있다. 그러나 책임에 대한 중압감에서 벗어나라!'

당신은 이 말을 듣고 어떤 생각이 들까? 아마도 '가당찮은 말 하지도 말라'고 발끈할 분이 많을 것이다. 그렇다. 벗어나고 싶어도 그게 맘처럼 쉬운 일이던가.

회사에 팀이 구성되어서 운영될 때 '누군가 아이디어를 내고 다른 누군가는 주요 업무를 맡아 팀을 이끌어주었으면 좋겠다'는 생각들을 한다. 고양이 목에 방울달기 식이다. 결국 누군가가 아이디어를 내고 또 누군가는 중요한 역할을 맡는다. 그리고 나머지 사람들은 조력자에 그친다. 팀 프로젝트라는 게 주어진 시간 안에 좋은 성과를 내야 의미 있는 것일진대 아무도 리더십을 발휘하려 들지 않는다. 사회생활을 하면서 이 같은 경험을 한두 번쯤은 겪어봤을 것이다. 남자들의 머릿속에는 한 사람이 막중한 책임을 지고 조직이든 팀이든 이끌어야 한다는 부담이 많은 것 같다.

회사나 사회생활을 가정과 비교하는 게 다소 무리가 없지는 않으나 가정 역시 그렇다고 생각한다. 지금 당장은 먹고 사는 데 걱정이 없지만 만약 예상하지 못한 가정의 위기가 발생한다면 남성들은 홀로 그 짐을 지고서 외롭게 가야 한다고 생각한다. 경쟁에서 밀리지 않기 위해 늦게까지 일하거나 사람들과 잘 어울리는 등 잘 버텨내야 가족의 경제를 지킬 수 있다고 말이다. 바로 이 부분에서, 즉 가정과 회사 사이에서 종종 충돌이 발생한다. 나의 의지와 전혀 상관없이 회사에서는 책임과 역할을 떠맡긴다. 그런데 아내와 아이들이 그런 속내를 이해하지 못할 때가 많다. 속내 털어놓지 못한 채 마냥 섭섭하고 외로운 생각이 든다. 한마디로 가정과 회사 사이에 끼인 샌드위치 신세가 되는 것이다.

금융기관에 다니는 전모씨는 얼마 전 아내와 이혼 지경까지 갔다. 그 이유는 전씨 회사의 노조문제 때문이다. 전씨가 다니는 회사는 비교적 안정된 곳이다. 그러나 기존 노조집행부의 임기가 만료되자 새로운 노조위원장 선거공고가 나붙었고, 아무도 위원장 선거에 나서려 하지 않았다. 평소 진보적인 성향을 갖고 있던 전씨는 주변 동료들의 끈질긴 요청으로 선거에 출마할지의 여부를 놓고 심각한 고민에 빠졌다. 전씨는 본인의 이야기는 빼놓고 어느 날 아내에게 '회사에서 노조선거를 두고 이런저런 상황이 벌어지고 있다' 면서 슬쩍 이야기를 흘렸다. 아내와 장모는 행여 전씨가 노조위원장에 출마라도 하는 일이 생기면 이혼하겠다고 으름장을 놓았다. 이혼이라는 말에 전씨의 가슴이 움찔했다. 그러나 전씨는 거의 등 떠밀리다시피 하여 노조위원장에 출마할 수밖에 없었다. 결국 노조위원장에 당선되었고 이 사실을 집에 숨겼다. 어차피 위원장 임기 2년의 시간이 금세 지나갈 거라고 생각했다. 몇 달 뒤, 아내가 전씨 회사 동료를 통해 이 사실을 알아챘다. 전씨와 아내는 심하게 다투었고 일주일간 집에서 냉랭한 상태로 지내게 되었다. 일주일 뒤 아내는 전씨에게 "왜 집에서 바라지 않는 선택을 했는지 변명이라도 해보라"며 대화의 시간을 가졌다. 전씨는 당시 회사 돌아가는 사정을 설명과 함께 자기가 그렇게 선택할 수밖에 없었던 상황에 대해 말했다. 아내는 전씨에게 앞으로는 신중한 결정과 생활의 절제를 다짐한다는 내용의 각서를 내밀었다. 전씨는 각서에 사인을 했고 두 사람은 화해했다.

○ ● ○

워킹파더들은 '책임 중독증'에서 벗어날 필요가 있다. 아버지라는 역할이 갖는 책임감은 시대를 넘어서 영원할 것이지만, 그렇다고 책임의 중압감에 너무 억눌리면 오히려 가정의 행복을 방해받고 본인도 위험한 선택을 하게 될 가능성이 크다. 더구나 최근처럼 경제 상황이 최악으로 치닫고 있을 때 책임 중독증에 빠진다면 심리적 공황이 더욱 심각해진다. 이럴 때일수록 가족과 대화를 나누는 것이 중요하다. 달리 표현하면 책임에 대한 포트폴리오를 짜라는 말이다. 과도한 책임감은 허영 많은 영웅 심리와 같다. 가족과 함께 어려운 부분

에 대해 생각을 나누고 공감할 때 비로소 최악의 선택을 피할 수 있
는 묘책이 나오기도 한다. 아버지인 자신이 혼자서 모든 고난을 짊어
지고 간다는 생각에서 벗어나는 게 필요하다.

'회사 일을 집으로 가져가지 말라' 는 게 금언처럼 알려져 있다. 업
무는 회사에서 처리하는 게 맞다. 그러나 회사 돌아가는 상황과 본인
의 고민을 가정에서 대화하는 것은 매우 건강한 일이다. 아이들도 아
버지의 회사 상황과 그의 처지를 경청할 필요가 있다.

'요즘 아빠 회사에 이런저런 일이 있는데, 그래서 요즘 고민이 많
아' 라고 가족과 대화를 나누는 일은 부끄러운 것이 아니다. 오히려
함께 문제해결 능력을 키워나갈 수 있는 발전적인 길이다.

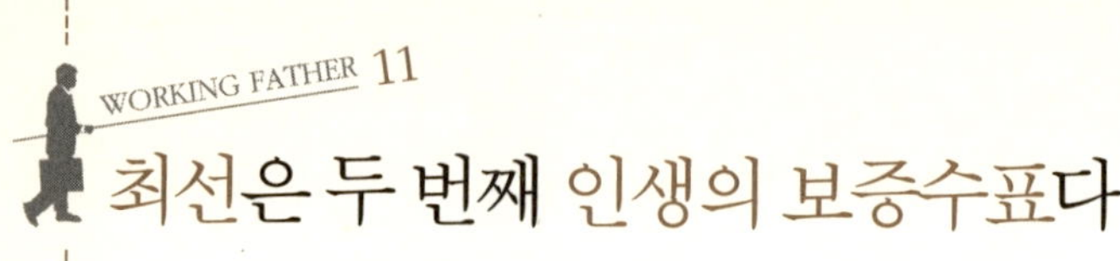

최선은 두 번째 인생의 보증수표다

WORKING FATHER

최모씨는 국내 중견 그룹에서 상무까지 지냈다. 그랬던 최씨가 지금은 개인택시를 몰고 있다. 임원급 자리를 박차고 택시운전을 하겠다고 말했을 때 가족뿐 아니라 주변의 동료들까지 말렸다. 수입도 그렇거니와 그룹 임원급이 택시기사를 한다는 게 겪이 맞지 않는다는 것이다. 그러나 최씨는 조직에서 살아남아야 한다는 강박관념을 더 이상 마음에 둘 수 없었다. 치열한 하루하루가 숨통을 조여와 임원 자리는 늘 가시방석이었다. 그리고 큰 고민에 빠졌다. 가족을 부양해야 하는 아버지 역할이란 게 개인택시 기사를 선택하는 데 가장 큰 고심거리였다. 그러나 최씨는 철저한 사전준비 끝에 퇴직금 일부로 택시를 구입했다. 최씨는 직장 시절 해외영업에 일가견을 보인 바 있는데, 이에 착안하여 공항에서 외국 바이어들을 주로 태우고 다녔다. 운전하는 동안 유창한 영어로 외국 바이어가 찾아가는 기업의 동향이나 업종의 특성들을 죽 늘어놓으며 다른 택시기사들과 차별화에 나섰고 그 전략은 보기 좋게 맞아 떨어졌다. 최씨는 끝없는 약육강식의 조직에서 벗어나 보통 사람들을 태우고 다니며 마음 넉넉해지는 인생을 찾았다. 퇴직 후 제2의 인생을 모색하는 사람들이라면 최씨의 사례가 많은 도움이 될 수도 있을 것이다. 오늘도 최씨는 자신의 장기를 최대한 살려 보람 있는 삶을 꾸려간다.

○ ● ○

"버려라. 마음을 비워라. 그러면 너희가 자유로워질 것이다."

듣는 것만으로도 하늘 높이 훨훨 날 것 같은 말이다. 그러나 현실은 그렇지 않다. 직장인들은 현재 다니고 있는 회사에서 자유롭지 못하다. 돈도 많이 받고 자아실현까지 할 수 있는 직장이라면 최상이겠으나 그런 특혜를 누리는 사람이 얼마나 될까. 그나마 다니고 있는 직장이 있어 다행이라고 생각할 수 있다. 언제나 마음을 졸이며 직장에 자신을 맞춰 살아가게 마련이다.

직장인들 마음속 큰 고민거리는 퇴직 후의 또 다른 직업이다. 누구나 안정적인 제2의 직업을 꿈꾼다. 이런 꿈을 실현하고자 자기계발에 열중하거나 개인사업을 열기 위한 자금 마련에 나선다. 그래서 언제부턴가 '투잡' 하는 사람도 꽤 늘었다.

시간이 지날수록 마음만 급해진다. 돈도 쉽게 모아지지 않고 자기계발은 거기서 거긴 것 같다. 다니고 있는 직장에서 벗어나 자립한다는 것에 대한 두려움도 앞선다. 이를 극복할 수 있는 비결은 뭘까.

첫째, 마음속에 갖고 있는 긴장의 끈을 놓아야 한다.

둘째, 작은 욕망을 버려야 한다.

셋째, 현재 일하고 있는 직장에서 최선을 다해 자신의 역량을 발휘해야 한다.

넷째, 직장에서 갈고 닦은 업무를 살릴 수 있는 일을 찾아라.

　인생은 종종 축구경기에 비유된다. 전반전과 후반전이 있다는 얘기다. 축구든 인생이든 간에 후반전은 전반전의 경기 내용을 토대로 구성된다. 특히 인생 후반전은 전반전에 대한 경기 경험 없이는 성공하기 힘들다. 회사를 다니면서 후반전을 준비한답시고 업무를 등한시한 채 공인중개사 자격증이나 취미 생활에 몰두하는 사람이라면 경쟁에 밀려 회사에서의 수명이 더욱 단축될 것이다. 퇴직 이후 준비하려고 생각하는 새로운 영역 개척에서도 적잖은 진통을 겪을 게 분명하다. 한마디로 지금의 위치에서 최선을 다하라는 말이다. 회사에 다니면서 익히는 전문성과 노하우야말로 인생 후반전을 드라마틱하게 장식해 줄 보물이다. 자신이 가장 잘 아는 것을 갈고 닦아 이를 변형하면 성공 확률이 매우 높다. 전반전 초 또는 중반에 실점하여 경기가 잘 안 풀리더라도 후반전 역전의 기회를 노리려면 추가 실점을 막아야 한다. 포기하지 않고 최선을 다할 때 역전시킬 수 있다. 회사에서 익힌 업무를 활용해 제2의 인생을 시작하면 한결 수월하다. 관여하고 있던 정보나 인적 네트워크가 큰 도움이 되기 때문이다. 도움이 될 만한 사례들을 소개한다.

중견기업에서 구매팀장을 하던 곽씨의 회사 별명은 '독사'다. 각 사업군의 구매내역을 꼼꼼히 관리하고 납품업체와 단가, 물량 등을 놓고 엄청난 신경전을 펼쳐야 하는 업무 특성상 붙여진 별명이다. 곽씨는 업무 때문에 하루가 멀다 하고 술자리에 나가 세일즈를 하면서 자연스럽게 가정과 멀어졌다. 그런 곽씨에게 인생의 전환기가 찾아왔다. 아내가 뜻밖의 질병으로 세상을 떠나야 했던 것. 그동안 가정에 소홀했던 곽씨는 '이래서는 안 되겠구나'라는 생각에 강남에 있던 30평짜리 아파트를 처분해서 양평에 50평짜리 전원주택을 지어 이사를 갔다. 평소 집 짓는 일에 관심이 많았던 곽씨는 손수 터를 다지고 재료를 구하는 등 숨겨져 있던 장기를 십분 발휘했다. 곽씨는 퇴근 후에 토끼, 닭 등을 키우면서 고등학생인 두 딸과 많은 대화를 나누며 살았다. 다행히 딸들은 흔들리지 않고 어엿한 명문대에 진학했다. 곽씨는 양평으로 이사 간 이후, 기존 업무방식에 변화가 필요했다. 무엇보다 거의 매일 업무상 가져왔던 술자리를 한 달에 한두 차례로 대폭 줄였다. 그 대신 주말에 자신이 가꾸어놓은 전원주택에 사람들을 초대해서 전보다 더 끈끈한 인간관계를 유지해 나갔다.

가전업체에서 디자인 담당 임원을 지내던 신모씨도 비슷한 케이스다. 신씨는 회사를 퇴직하고 경기도 가평에 자신이 직접 디자인한 집을 짓고 살았다. 그런데 디자인이 워낙 독특해 주변에서 집이 너무 좋다는 평가를 받았다. 그리고 '집이 너무 예쁘니 펜션으로 운영해 줄 수 없겠냐'는 제의를 받았다. 결국 신씨는 자신이 사용하지 않는 방 세 개를 아기자기하게 꾸며 주말마다 사람들에게 빌려주었다. 방을 펜션으로 활용하면서 안정적인 노후를 지내게 된 것이다.

○ ● ○

두 가지 모두 특기를 잘 살린 사례다. 마지막으로 하나만 더 살펴보자.

서울 소재 아파트 주변 상가의 경비원으로 일하는 하씨는 이 지역 주민들 사이에서 유명인사다. 방송 출연도 여러 번 했고 각 지역 노인복지관을 순회하며 매년 한두 차례 성공 취업 사례를 발표한다. 그는 경비원이 되기 전 수십 년간 공기업에서 회계 담당으로 일했다. 잘 나가는 공기업 직원에서 경비원으로 새로운 인생을 시작했지만, 전혀 부끄럽지 않았다. 그는 회계와 재무 및 재테크에 밝아 이웃들에게 구체적인 재테크를 설계해 준다. 월급은 공무원 시절보다 훨씬 낮고 몸은 고될지라도 그의 마음만은 10년 이상 젊다.

○ ● ○

어떤가. 이쯤 되면 의미 있고 아름다운 후반전 아닌가.

기러기아빠여 이기적으로 살아라

기러기아빠의 변종들이 있다. 그 중 하나는 펭귄아빠란 종이다. 이는 기러기아빠의 한 종류다. 펭귄아빠의 어원은 같이 날아가고 싶어도 경제적으로 여의치 않아 날지 못하는 의미를 담고 있다. 사실 대다수의 기러기아빠가 펭귄아빠에 속한다고 볼 수 있다. 유학비 보내랴 생활비 부치랴 경제적으로 쪼들리기 때문에 정작 비행기표를 구할 수 없다. 대신 공항에서 가족들을 배웅하며 손만 흔들어야 하는 처지를 빗대어 표현한 말이다.

동물학자들은 펭귄이 인간을 포함해 세상에서 가장 부성애가 뛰어난 종으로 꼽는다. 세계적인 베스트셀러 《코끼리가 울고 있을 때》의 저자이자 동물학자인 제프리 무세이프는 "수놈 펭귄들은 영하 60도의 얼음바닥 위에서 시속 160킬로미터 이상의 눈보라를 견뎌내며 4

개월가량 음식도 안 먹고 잠도 안 자면서 알을 품는다"고 말했다. 설마 했는데 몇 해 전 텔레비전에서 방영된 펭귄 다큐멘터리를 보니 정말로 그의 말이 맞았다. 두 발 사이에 알을 품은 숫펭귄들은 암펭귄이 먹이를 구하러 먼 여행을 떠나 있는 동안 혹독한 시절을 굶어가며 묵묵히 견딘다. 4개월 정도의 긴 시간이다. 이 책의 주인공인 워킹파더들과 일면 닮은 구석이 있다.

반면에 또 하나의 변종이 있다. 바로 독수리아빠들이다. 이들은 경제적인 능력이 뛰어난 아빠를 일컫는다. 가족이 나가 있는 해외로 매달 한 번 정도 비행기를 타고 가서 만나고 올 수 있는 부류다.

유명한 외국계 모 기업의 이사로 재직 중인 올해 나이 42세의 김모이사. 그는 기러기아빠 5년차다. 김씨는 언론과 세간에서 일부 기러기아빠의 딱한 처지를 비판하는 것에 부정적이다. 자녀의 발전을 위해서 뿐만 아니라 열악한 국내 교육의 한계를 벗어나겠다는 확고한 본인의 의지가 여전히 옳다고 굳게 믿는다. 그렇다면 김이사의 생활은 어떨까. 그는 얼마 전 국내에서 MBA 학위를 땄다. 주말에 수업을 몰아서 듣다 보니 주말에 가족들이 없더라도 외로움을 타는 일이 없었단다. 그런데 졸업하고 나니 또 시간이 남아돌면 가족 생각이 날 것 같아 이번에는 박사 과정에 도전했다. 2년 안에 박사 과정을 끝낼 요량으로 학업에 매진하고 있는 김이사는 이번에도 역시 주말에 수업을 들을 수 있는 학교를 찾았다. 김이사도 해외에 돈을 보내고 나면 생활이 빡빡할 정도로 여유가 없다. 그래도 한두 푼 쪼개서 모은 돈과 부족한 일부 학자금은 대출을 받아 처리했다.

삼성그룹 계열사에 다니는 정모씨는 인생의 설계를 가족들과 잦은 대화로 풀어가는 아주 민주적인 스타일의 가장이다. 일반적으로 기러기아빠가 되는 모습은 이렇다. 주로 아내나 아이들의 강력한 요청을 뿌리치지 못해 들어주는 경우가 적지 않다. 이 같은 사례에 해당하는 기러기아빠는 십중팔구 외로움과 자괴심에 빠져 술로 하루하루를 보내거나 끼니를 거르는 등 인생을 표류하며 살 확률이 높다. 정씨는 일단 가족과 떨어져 사는 목적이 무엇인지, 앞으로 어떻게 인생을 설계하고 언제까지 목표를 달성할 것인지 등에 대해 가족과 분명히 공유한다. 아주 지혜로운 방법이다. 가족이 함께 대화하면서 서로 간 긴장의 끈을 놓지 않으면 신뢰도 무너지지 않고 소원해지지도 않는 다는 게 정씨의 지론이다.

사실 기러기아빠의 문제는 혼자 살다 보니 규칙적인 생활이 망가진다는 데 있다. 물론 한 가지 짚고 넘어갈 게 있다. 우리나라 기러기아빠들 중에는 상당수 많은 사람들이 자신이 결정한 일이 매우 바람직한 선택이었다고 자부하며 보람찬 생활을 한다. 그렇지 못한 기

Working Father

러기아빠들은 가족과 오랫동안 떨어져 지낸 탓에 가족과의 관계가 소원해질 수 있다는 불안과 함께 조직에서 얼마나 버틸 수 있을 것인가에 대한 미래 불안에 휩싸여 있다. 결과적으로 기러기아빠로 살아남기 위해서는 다소 이기적이더라도 자신을 챙기는 행동이 필요하다. 그 방법으로 엄격한 시간 관리와 자기계발에서 활로를 모색해야 한다.

용어해설

- **서번트 리더십(servant leadership)** | 섬김의 리더십과 같은 맥락의 말이다. 서번트 리더십의 핵심은 섬김, 봉사로 요약할 수 있다.구성원들이 공동의 목표를 이루어나가는 데 정신적·육체적으로 지치지 않도록 곁에서 돕는 리더십이다. 즉 섬김과 배려, 존중을 바탕으로 구성원들의 잠재력을 이끌어내는 기술이다.

- **화학적 시너지** | 시너지 효과란 1+1이 2 이상의 효과를 얻는 걸 말한다. 우리말로는 상승효과다. 가령, 편의점에서 간단한 응급처방에 도움이 되는 약품을 판다면 약품 판매에 드는 물류비용을 줄이면서도 효과적으로 진열할 수 있다. 이것이 시너지 효과다. 그런데 시너지 효과에는 기계적 시너지 효과(1+1=3 정도를 만드는 것)와 화학적 시너지 효과(1+1=4 이상을 만들어내는 것) 두 가지로 구분해서 설명할 수 있다. 당연히 화학적 시너지가 부가가치가 더 높다. 단순한 기계적 결합을 통해 덩치만 커지는 수준이 아니라 서로의 장점과 잠재력이 최대한 발휘되는 게 화학적 시너지다.

국내 CEO들의 아침 기상 시간

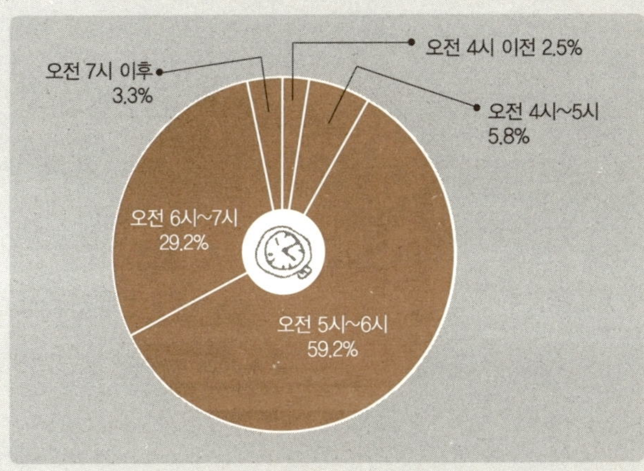

자료: 대한상공회의소

CHAPTER 5

워킹파더를 위한 경제학

Working Father

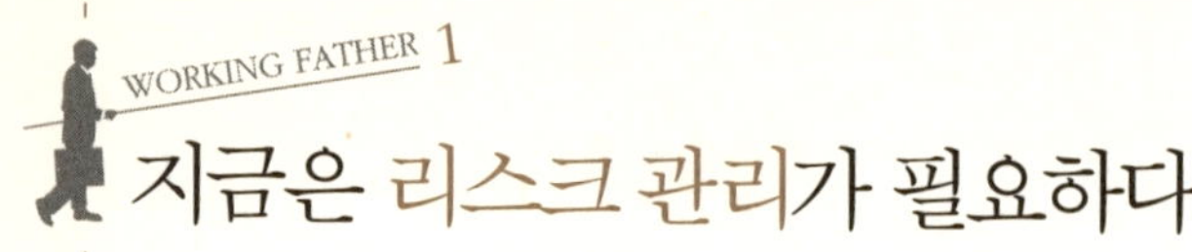

지금은 리스크 관리가 필요하다

우리가 자본주의라는 체제에서 살아가는 만큼 돈 이야기도 빼놓을 수 없는 소재다. 그래서 이번 장에서는 돈 이야기에 대해 적어볼까 한다. 결국 워킹파더들이 고된 삶을 살아야 하는 이유도 돈과 많은 관련이 있기 때문이다.

한국인들의 재테크는 리스크를 껴안고 가는 무모한 방식 위주라고 생각한다. 하루에도 수십 종의 부자 되기 위한 책들이 쏟아지지만 별로 마음에 와 닿지 않는다. 진정한 부자는 리스크 관리에 일가견이 있어야 가능한데, 그런 책이 별로 없는 듯하다. 우리 사회는 그동안 재테크라는 그럴싸한 미명 하래 무모한 도박 행위를 자행해 왔다. 확률 게임에 너무 몰두했다고 보여진다. 그것도 모 아니면 도 식의 확률 말이다. 동전을 던져 앞 또는 뒤가 나올 확률은 딱 절반이다. 게임에서 확률이 무시된다면 요행을 바라고 있거나 사기 당하고 있거나 둘 중 하나다. 투자도 비슷하다. 우리는 게임의 낙관적인 면만을 보고 재테크에 나섰던 게 사실이다. 실패할 가능성은 '설마 그렇게 되겠어' 라고 슬쩍 흘려 잊어버리는 식이었다.

인생에 사이클이 있듯이 주식도 부동산도 거시경제도 모두 사이클을 가지고 있다. 그런데 막연히 부동산 시세나 주식시장이 앞으로 내달릴 것이라는 요행에 젖어 도박을 벌여온 게 아닌지 반성해 볼 일이다. 주변에서 쏠쏠한 수익률을 거뒀다는 소리에 '주식이나 부동산 투자를 하지 않는 나만 바보인가' 라는 강박관념도 작용했을 것이다. 이른바 재테크 전문가라는 사람들이나 일부 언론매체의 부추김도 도박 세상을 만드는 데 일조했다. 사실 대한민국 소시민의 첫 마음가짐은 이렇다.

"가족과 편히 살 만한 집 한 채 장만하고, 다행이 그 집값이 오를 수만 있다면 더 이상 바라지 않는다."

상당수 사람들이 말하는 소박함이다. 그런데 살다 보면 마음에 바람이 들게 마련이다. 처음에는 소박했던 마음이 어느새 저 멀리 부푼 대박의 꿈을 향해 내달린다. 그리고 이런 마음가짐으로 변한다.

"1억 원 대출을 끼고 3억 원짜리 아파트를 산다. 그 집이 1~2년 만에 5억 원짜리로 둔갑한다. 돈이 좀 생기면 잘 나간다는 펀드에 돈을 넣고, 그러면 수익률 50~100% 정도쯤은 무난히 달성할 수 있다."

이런 심리가 최근 우리 사회에 팽배한 소박한 기원이자 목표였다. 그런데 2008년 10월 말 상황은 서민들의 소박한 목표에 찬물을 끼얹었다. 용인에 있는 한 아파트는 얼마 전까지만 해도 5억 원짜리였는데, 2억 5,000만 원대로 폭락해서 원금에도 못 미치는 상황이 되었다. 또한 2007년 하반기 무렵, 해외펀드가 좋더라는 말만 믿고 시장에 뛰어든 사람들은 2008년 말께 원금이 거의 털린 잔고를 보고 아연실색했을 거다. 원금이 50% 남은 사람은 그래도 양반 소리를 들었다. 단순히 돈 문제뿐만이 아니다. 최악의 상황으로 원금이 바닥난다면 신용불량자가 될 수도 있고, 이는 가정의 불화로 이어질 것이 뻔하다. 아버지의 위신 어쩌고저쩌고 한 이야기는 달나라에서나 통할 말이다. 아이들 교육비가 버거워 자녀들에게 고개 들기도 창피하다. 겉도는 아이들이 잘못된 길로 빠질 수도 있다. 너무 과하게 포장된 이야기일까? 아니다. 1,000만원으로 1년에 1억 원을 벌 수 있다는 대박 기대만큼 현실적으로 발생 가능한 최악의 패전 시나리오다. 그런데 왜 사람들은 대박 시나리오에 귀를 바짝 세우면서도 최악의 패전 시나리오는 고려하지 않을까.

혹자는 주식과 집값이 크게 하락한 지금이 매수타이밍이라고들 말한다. 그런데 저점 매수할 돈의 여력이 있는가. 타이밍을 맞춰 투자할 능력이란 평소 리스크 관리가 되어 있는 사람을 의미한다. 결국 평소 리스크 관리에 충실한 사람은 시황 흐름이 안 좋아도 흔들리지 않는다. 남들이 패닉 상태에 빠져 있더라도 마음에 여유가 있다. 잘은 모르지만 현재가 정말로 최적의 타이밍이라면 이때 제대로 베팅할 수 있는 여윳돈도 챙겨둘 수도 있다. 리스크관리의 달인이 진짜 베테랑 투자자다.

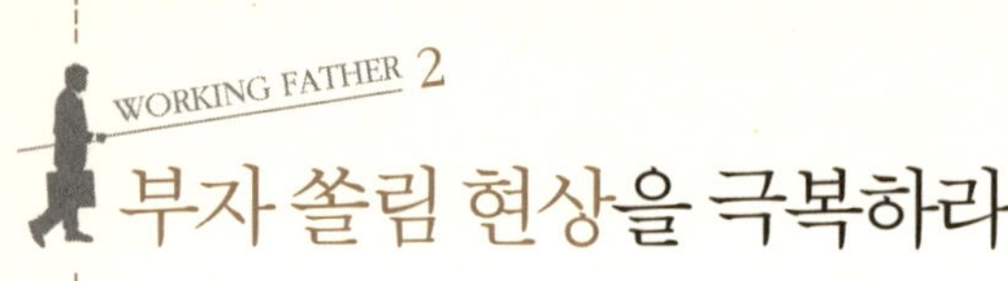

부자 쏠림 현상을 극복하라

기억이 가물가물하다. 2002년 초였던 것 같다. 유명한 여자 탤런트가 TV 광고에서 한마디 던진 게 한햇동안 화두였다. '여러분 올해엔 부자 되세요' 라는 말이다. 이 광고 카피는 최근까지도 사람들 사이에서 간혹 듣게 되는 인사말이다. 문제는 이 광고가 나간 다음이다. 사람들은 아주 잠시 동안 정말로 부자로 살았다. 신용카드가 그 주인공인데, 카드 사용 남발로 부자가 된 듯한 착각에 빠졌으나 오래 가지 못했다. 그 결과는 카드 대란으로 이어졌다. 대가를 혹독하게 지불한 셈이다. 언제부턴가 사람들은 돈의 노예가 되어 있었다. 만나는 사람마다 해맑은 표정으로 '부자 되세요' 라는 인삿말을 한다. 부자가 되는 방법과 부자의 모습에 대한 밑그림도 없이 무조건 부자 되고 보자는 분위기가 만들어졌다. 우리 사회는 특히 집단적인 문화가 무섭게 작용한다. 부자

되기 운동이 벌어지자 재테크라는 용어가 유행했고 펀드 하나 들지 않은 사람은 바보 취급을 받았다. 부자가 되기 위해 시간을 내고 공부하지 않는 자는 죄인 취급 받을 정도로 사회가 한방향으로 쏠렸다. 사람들은 이런 분위기 속에서 자유롭지 못했다. 어떻게 돈을 쓸 것이고 왜 돈을 모으는지에 대해 차분하게 고민해 볼 시간적 여유가 없었다. 집단주의적인 분위기가 개인들이 생각할 힘을 마비시킨 것이다.

한때 벤처붐이 크게 일었다. 상당수 사람들이 벤처회사로 옮기거나 벤처주식에 투자해 자산 형성에 최선을 다했다. 일부는 이때 단단히 한몫 잡았다. 그러나 벤처 거품이 꺼지자 후유증은 심각했다. 실직한 사람들이 쏟아져 나왔고 벤처주식에 투자한 사람들은 빚더미에 올라앉았다. 문제는 다수의 실패자가 있더라도 소수의 성공 사례가 발생하면서 부자 신드롬이 이 나라를 강타한다는 점이다. 몇몇 성공 사례는 주목받을 수 있지만, 결코 나 자신이 거기에 휘둘려서는 안 된다. 좀더 냉정해지자는 얘기다. 무작정 따라하기 식 투자나 재테크를 통해 돈 많이 벌었다는 사람 솔직히 거의 못 봤다. 나의 주변에는 주식에 투자했다가 빚만 지고 결국 가족과의 불화로 고민하는 사람들이 성공한 사람보다 더 많다. 사람들은 성공 신화를 회자하기를 좋아한다. 물론 실패한 사람에 대한 사례도 많지만 이는 금세 사람들의 머릿속에서 지워진다.

Working Father

경영학과 교수들의 주된 관심사 중 하나는 유명한 경영자가 최고의 기업을 만들어낸 케이스 스터디 관련 자료 준비다. 성공한 사례를 만들어 벤치마킹할 수 있도록 교재를 만드는 것이다. MBA에 들어가면 누구든 웬만하면 성공할 수 있을 거라는 착각에 빠질 수 있다.

제품과 마케팅 사례도 그렇다. 한때 혁신이라는 단어가 유행했다. 혁신이라 말이 어렵지만 한마디로 기존 시스템을 차별화하고 경쟁력 있는 상품을 만들어 시장에서 성공할 수 있도록 하는 것 정도로 이해하면 된다. 사실 혁신이라는 단어의 개념을 두고 많은 논쟁이 있었는데, 혁신의 개념을 정할 때 동원된 제품이나 기업 사례는 모두 성공한 것만을 취합했다. 문자 그대로 실패한 것은 혁신이 될 수 없었다. 성공한 것만 혁신에 포함되는 식이다.

우리는 지금 두 번째 경제위기를 맞고 있다. 지혜를 모아 슬기롭게 극복해야 할 것인데, 그러한 슬기 가운데 하나가 부에 대한 개념을 명확히하는 일일 것이다. 앞서 주장한 것처럼 전체적인 분위기나 쏠림 현상에 휩쓸리지 말아야겠다. 무작정 남 따라하기식 부자도 지양하자. 무엇보다 단순히 돈만 많다고 부자가 되는 게 아니라는 생각을 갖자. 좀더 여유 있고 건전한 눈으로 사물을 바라보는 힘을 키우자. 이렇듯 부에 대한 새로운 설계는 워킹파더들의 무거운 짐을 덜어주는 첫 단계가 될 것이다.

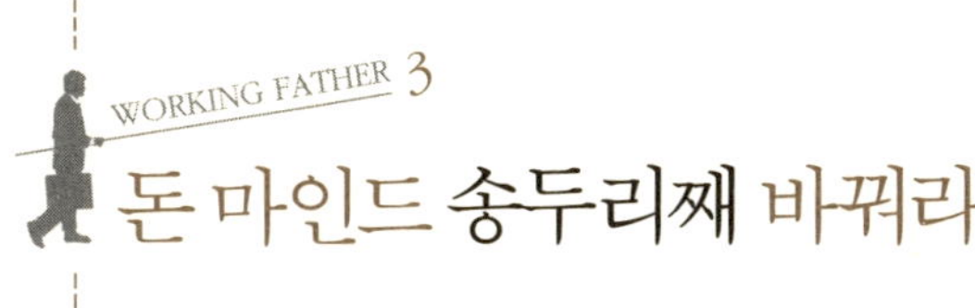

돈 마인드 송두리째 바꿔라

부의 개념을 혁신적으로 바꾸기 위해서는 투자 마인드에 대해 몇 가지 짚고 넘어가야 한다. 우선 내가 생각하는 부자가 어떤 것인지 생각해 보자. 우리는 돈을 단순히 쌓아놓기 위해 돈을 버는 게 아니라 돈을 쓰기 위해 번다. 아울러 진짜 돈 많은 부자라면 내가 언제든 이 물건 저 물건 등을 사고 싶을 때 마음대로 돈을 쓸 수 있어야 한다. 이런 사람들은 어떤 위기가 오더라도 넉넉하게 유동화할 수 있는 현금성 자산이 있어 마음이 편하다. 사회에 환원을 한다는 등의 추가적인 내용을 빼고 기본적으로 한국 사회에서 속된 말로 누구나 지향하는 부자의 기본 속성은 바로 이런 것들이다. 우리는 이 정도 수준의 부자가 되기 위해 투자에 나선다. 수익률이 높아 이를 실현시켜 줄 만한 것이 부동산과 주식 투자였다. 과도한 위험을 안고서 짧은 시간 안에 많은 수익률을 내겠다는 의욕이 우리를 공격적인 투자로 만들었다. 하지만 몇 가지 생각해 봐야 할 것들이 있다.

우선 기회비용이다. 3억 원짜리 아파트를 1억 원 대출받아서 산 한심한씨를 가정해 보자. 한씨의 아파트값이 얼마 후 5억 원으로 올랐다고 쾌재를 부를 일이 절대 아니다. 더하고 빼는 단순한 계산의 문제가 아니라는 말이다. 만약 한씨의 집과 회사가 멀다면 출퇴근의 교통지옥을 몸소 느껴야 한다. 은행에서 대출받아 마련한 아파트는 매달 수십만 원의 이자가 발생한다. 대출 비용 탓에 한씨는 자기계발을 위한 비용도 줄일 수밖에 없다. 물론 가족들과 외식할 수 있는 기회도 줄여야 한다. 우리나라 사람들은 한씨처럼 아파트 가격이 오른 것만 계산한다. 이를 선택함으로써 발생하는 각종 비용은 돈의 가치로 여기지 않는 경향이 있다.

둘째, 내가 과연 하고 있는 투자가 정말로 부를 챙기고 있는 것인지 고민해 봐야 한다. 투자를 하면 돈이 손에 잡히고 이를 쉽게 사용할 수 있어야 하는데, 정말 그런지 따져볼 일이다. 가령 3억 원짜리 아파트가 5억 원으로 올라 2억 원을 벌었다고 생각한다면 오산이다. 아직 수중에 들어온 돈이 아니기 때문이다. 집을 팔아서 차익을 남겨야만 내 돈이다. 그러나 사람들은 집값이 2억 원 오르면 두 가지 생각을 한다. 하나는 부동산 가격이 더 오를 테니 보유하겠다는 사람이고, 다른 하나는 당장 집을 팔아 더 비싼 곳으로 옮겨 이득을 챙기겠다는 두 가지 부류다. 첫 번째의 경우는 부동산 가격이 꺾이지 않고 지속적으로 오른다는 가정 아래 그렇게 판단하는 것이겠으나, 경제 주기는 오르는 때가 있으면 반드시 꺾이는 때가 있게 마련이다. 10억 원까지 올라가는 일이 발생할지는 아무도 알 수 없다. 반드시 집값이 오를 거라는 욕망과 기다림은 결국 부동산 하락이라는 악재를 만났을 때 아차 한다. 이 같은 부작용이 현재 대한민국에서 벌어지고 있지 않은가.

다른 한편으로 이 집을 처분한 후 5억 원짜리 집으로 불린 사람이 이 집을 처분한 후 다른 더 비싼 집을 산다. 이를 위해 이 사람은 또다시 막대한 대출을 껴안고 집을 사게 될 것이다. 예나 지금이나 대출이자를 갚으면서 살아가는 신세임에는 변함이 없다. 그렇다면 이렇게 고정된 투자 마인드를 유연화하는 것도 고려해야 한다.

모 금융유관 협회에 근무하는 강부장은 직접투자를 한다. 그는 틈만 나면 주변의 경제 전문가들에게 앞으로 경제가 어떻게 될 것인지 주가가 더 떨어질 것인지 오를 것인지 등 향후 전망에 대해 묻는다. 아이러니한 사실은 이런 강부장조차 직접투자로 원금 30% 정도 까먹고 돈이 물려 있는 상태다. 어떤 애널리스트가 그에게 앞으로 주가가 1,000포인트 아래로 더 떨어질 테니 급한 돈이라면 지금 빼는 것도 나쁘지 않다고 하자 강부장은 주가가 다시 상승세를 탈 거라며 고집을 부린다. 그러자 이 애널리스트가 대뜸 이렇게 이야기했다. "내가 주가가 더 떨어질 이유를 100가지를 댈 테니 당신은 주가가 오를 논리를 한 가지만 대시오." 그때 강부장이 내놓은 논리는 기술적 반등이었다.

○ ● ○

그나마 강부장은 상태가 양호한 편이다. 부동산이나 주식시장 투자 분위기가 급 호전될 거라고 굳게 믿는 사람들은 '올해 상반기부터 경기가 상승할 것'이라는 말과 '경제성장률이 3% 이상 될 거라는 전망도 있다'는 설명을 늘어놓는다. 모두 자기 귀에 듣기 좋은 내용들만 갖다 붙이는 식이다. 재계 10위 안에 들어가는 모 그룹의 고위 관계자는 빨라야 2009년 하반기쯤 경기침체에서 벗어나는 모습이 감지될 거라고 한다. 외국의 유력 기관과 우리 정부에서조차 올 한해 성장률을 아예 마이너스로 추정했다. 지나친 낙관론과 비관론은 지양해야 하지만 자기 위안식의 투자 마인드는 스스로를 가난하게 만들 뿐이다.

신용을 무시하지 마라

부를 쌓는 것에 앞서 위기가 오더라도 위험을 피할 수 있는 방어막이 든든해야 한다. 경제는 사이클이다. 하강 국면이 지나면 반드시 상승 국면이 오는데, 침체시 방어막이 든든하지 못하면 모두 털리고 만다. 상승 국면에 사용할 실탄이 없다. 이것이 바로 개미투자자들의 비애이며 한계다. 부를 지키는 방법 가운데 신용 관리는 필수적인 요소로 떠오르고 있다. 이번 경기침체는 미국발 서브프라임 모기지가 주요 원인이다. 주택투기에 빠진 일반인들이 은행에서 집을 담보로 심지어 100%까지 돈을 빌려 투자했다가 집값이 폭락하자 사태가 일어난 것이다. 은행 시스템 잘못도 있지만 자신의 신용 한계를 넘어서 금융 거래를 한다는 것 자체가 위험한 수익률 게임에 임하는 거와 같다. 신용 관리를 잘만 하면 지속가능한 부의 성장을 이룰 수 있다. 아울리 가족 신용 관리를 통해 배우자의 그릇된 소비 성향이나 자녀들의 탈선까지도 막을 수 있다는 점에서 반드시 관심을 가져야 한다. 한 가지 사례를 보자.

재계서열 10위권 내에 드는 한 그룹의 현부장은 아내와 가계자산 관리 문제로 심각한 고민에 놓여 있다. 그의 아내는 결혼하기 전, '집이 너무 어려워 빚을 많이 지고 있다'고 솔직히 털어놓았다. 현부장은 결혼을 앞둔 아내를 사랑하는데다 솔직히 고백한 점에 신뢰감을 얻어 빚을 모두 탕감해 줬다. 그런데 문제는 결혼 이후부터다. 아내의 행동이 예사롭지 않은 것이다. 최고급 명품은 아니지만 소모품 구입이 잦았다. 현부장은 1차 경고를 줬다. 그러나 몇 달 뒤 2,000만원대 카드 사용에 대한 독촉장이 날아오자 황당할 수밖에 없었다. 아내에게 물으니 처가 쪽 친척 중 한 분이 부동산 투자에 익숙해 돈을 잘 버는데, 경기도 인근 땅을 공동으로 투자해서 살 생각이 없냐고 묻더란다. 아내는 '목돈을 만질 수 있겠구나' 싶은 생각이 들었다. 그런데 당장 목돈은 없고 카드로 돈을 빌려 투자를 했는데, 부동산값이 폭락하면서 돈이 묶여버린 것이다. 모든 내막을 알게 된 현부장은 아내에게 가계부를 쓰라고 권고한 상태이지만 회사에 출근해서 아내 생각만 하면 골치가 아파 일이 손에 잡히지 않는다. 열심히 일해 돈 벌면 뭐하겠는가. 업무 시간을 쪼개어가며 하루에도 수차례 단타매매로 수익률을 끌어올려놓으면 뭐하겠는가. 신용 관리에 펑크가 나서 다른 축이 무너지면 애써 벌어들인 수익은 공염불이 되는 것을….

○ ● ○

생소하게만 느껴졌던 신용은 현대인의 생활 속까지 깊숙이 파고들었다. 주택담보대출, 신용대출, 보험가입 등 금융영역뿐 아니라 통신망 가입, 자동차 구입, 취업, 결혼, 이민 등 우리 생활 영역 전반으로 신용등급이 주요 평가 기준으로 확대되고 있다. 심지어 휴대전화 신규 가입할 때도, 케이블 TV를 신청할 때도 신용불량자인지 아닌지를 따지는 시대다. 각종 금융거래의 내용을 집약해 1~10등급으로 분류하는 신용등급이 현대인의 생활 수준을 좌우하는 강력한 기준이 되고 있는 것이다. 이를 두고 신용계급으로 규정되는 신용자본주의 시대가 도래했다는 논리도 제시되고 있는 실정이다. 이에 필자는 신용계급 사회라는 가정 하에 상류층, 중류층, 하류층 이렇게 세 단위로 사람들을 구분하는 논리 대신 우량등급, 중간등급, 불량등급 및 아예 등급에도 들어가지 못하는 신용불량계급으로 현대사회의 계층을 분류 가능할 수 있다는 주장을 좀 펼치고자 한다.

세부적인 등급으로 설명하자면 우량등급은 1~3등급, 중간등급은 4~7등급, 불량등급은 8~10등급 정도로 나눌 수 있겠다. 우량등급은 시중은행에서 정상 거래가 가능한 층이며 중간등급은 캐피탈, 저축은행 등 제2금융권의 주요 고객군이다. 불량등급은 대부업체를 찾아가야 할 사람들이다. 일반적으로 많은 사람들이 오해하는데, 신용불량자에 대해서는 대부업체에서도 돈을 빌리기가 쉽지 않다. 그렇다면 여기에서 질문 한 가지. 당신은 과연 몇 등급짜리 인생을 살고 있을까? 우리들은 자신의 인생등급을 미처 깨닫지 못한 채 하루하루를 살아간다. 이러한 신용등급에 따라 일상생활의 질이 180도 달라질 수 있다는 점도 모른다. 실제로 일상생활에 파고든 신용등급의 위력은 만만치 않다. 등급에 따라 대출 규모와 이자가 다른데, 이는 기본이다. 신용의 등급에 따라 자동차 할부금액을 달리 적용하는 캐피털 업체가 늘고 있으며, 통신회사들은 휴대전화, 유선전화, 초고속인터넷 등 신규 서비스 개통시 신용등급을 참고한다. 참고로 말하자면 선진국에서는 거의 모든 업체가 마치 성적증명서 및 졸업증명서와 같이 취업희망자의 신용보고서^{Credit Report}를 요구하며 채용 당락에 중요한 참고자료로 활용된다. 우리나라에서도 많은 채용 현장에서 채용 기준에 신용도를 포함하고 있다. 특히 금융회사 및 자금을 관리하는 업종에서는 취업희망자의 신용도를 평가하여 취업 여부를 결정한다. 보험모집인, 은행원, 카드직원 등 금융회사의 직원들의 경우 고용시 주로 이용되고 있다. 뿐만 아니라 일반 업체의 경리, 회계, 총무, 경찰관, 공무원 등의 직종에서도 채용 때 신용도를 평가한다. 앞으로 신용정보의 활용도는 지속적으로 증가할 전망이다. 결혼정보회사들도 맞선 당사자들의 신용등급을 요청하는 경우가 잦아지고 있다. 신용 인증서를 마치 건강진단서 교환하듯 활용하는 것이다. 또한 호주와 캐나다로 이민을 가려는 사람의 경우 해당 본국에서 신용보고서를 요청한다. 이에 이민을 준비하는 사람들도 신용등급 관리에 나섰다. 이 밖에 자녀의 무분별한 카드 남용과 휴대전화 과다 사용에 따른 신용등급 추락을 미연에 방지하기 위한 가족공동가입 패키지 상품도 등장했다.

  문제는 스스로 본인의 신용등급을 직접 관리하는 수준이 여전히 낮은 편이라는 점이다. 본인이 직접 신용평가사의 개인신용정보 서비스에 가입해서 조회할 경우 조회 건수와 상관없이 신용등급 조정에 하등 영향을 받지 않는데도 '신용등급을 조회하면 무조건 등급이 하락한다' 는 잘못된 상식 때문에 가입을 주저하는 경우가 많다는 지적이다. 물론 대출을 받기 위해 은행에서 실시되는 신용조회는 무조건 신용등급 하락에 영향을 미친다.

  시대가 이미 신용 중심으로 바뀌고 있다. 금융거래의 기본수단을 넘어 인생의 수준을 좌우할 만큼 중요해진 신용을 소극적으로 관리한다면 뒤통수를 맞을지도 모른다. 꾸준한 신용등급 관리는 실질적인 재테크 효과가 있다. 게다가 본인의 성실함, 가정의 화목, 상대방의 신뢰 제고 등 인생에서 플러스 요인으로 작용한다. 로또 대박만 좇는 사람을 '졸부' 라고 표현한다면, 꾸준한 신용 관리자는 '지속 가능한 부자' 를 지향하는 지인^{智人}이다. 서둘러 본인의 신용등급을 체크한 뒤 합리적인 소비 관성을 익힐 수 있는 '웰빙' 형 부자가 되어보자.

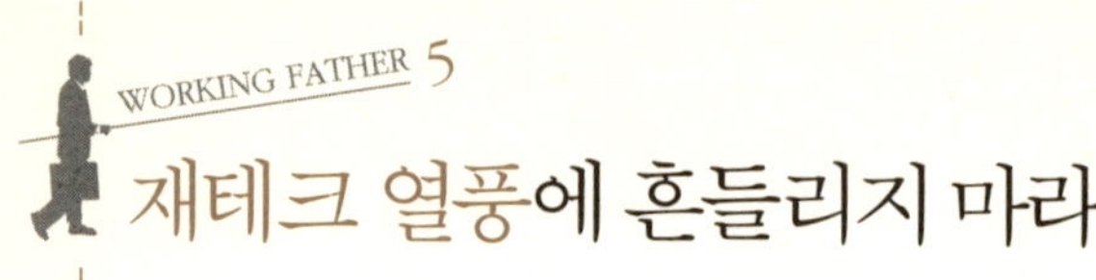

재테크 열풍에 흔들리지 마라

2007년 한 해는 펀드 광풍이 대한민국을 휩쓸었다. 은행에 갔다가 무심코 펀드에 가입했는데 수익률이 굉장했네, 중국 펀드에 가입했더니 몇 퍼센트 올랐네 등등 이 사람을 만나든, 저 사람을 만나든 너도 나도 펀드 얘기에 시간 가는 줄 몰랐다. 직장인은 말할 것도 없고 자영업자, 대학생, 가정주부, 심지어 규칙적인 소득이 없는 할아버지와 할머니에 이르기까지 누구나 펀드 한 가지 정도에는 가입했던 듯하다. 사정이 이렇다 보니 검증되지 않은 상품들도 그럴싸한 이름만 달고 나오면 날개 돋친 듯 팔려나갔다. 펀드에 가입하지 않으면 세상물정 모른다는 소리까지 들을 정도였다. 그런데 지금은 오히려 펀드 가입도 안 하고 주택 매매를 늦춘 사람들이 부러움을 사고 있다.

이미 앞에서 밝혔듯이 워킹파더들은 우리나라에 재테크 열풍을 일으킨 주역이기도 하다. 부동산시장은 물론이요 경매, 주식, 펀드 등 분야를 망라한다. 안정성을 도모한 적립식 펀드가 국내에 정착된 배경도 이들의 참여와 열정이 있었기에 가능했다. 심지어 주식에 투자하는 보험 상품까지 잘 팔려나갔으니 우리나라에 재테크 열풍이 얼마나 심했는지 짐작하고도 남음이 있다. 여기서 한 가지 의문점이 생긴다. 왜 워킹파더들은 재테크에 미친 듯이 집중하고 몰입했을까?

첫 번째 이유는 심리적인 안정을 얻기 위해서였을 것이다. 외환위기의 아픔을 겪으면서 자산 형성에 대한 강박 관념이 거세어졌다고 볼 수 있다. 전쟁을 겪어본 6·25세대들이 자산에 엄청난 소유욕을 드러냈던 것과 같은 학습효과일 것이다.

두 번째, 고용불안도 한몫 거들었다. 언제부턴가 일상적인 일이 되어버린 인력 구조조정의 압박이다. 아직 한참 일해도 시원찮을 40대에 회사에서 잘릴 수 있다는 압박감이 그들 마음속에 자리를 잡았다. 반면에 인간의 평균 수명은 너무 길어졌으며, 자녀들의 교육비는 웬만한 월급으로는 어림도 없는 천문학적인 숫자다.

그렇다면 결론이 뻔하다. 결혼 후 10년에서 15년 사이에 집을 사야 하고, 자녀들의 교육비도 어느 정도 마련해 놓아야 한다. 그뿐만이 아니다. 언제 퇴출될지 모르는 상황이라 퇴직 후 창업자금을 미리 마련해야 하며, 노후 생활을 대비한 목돈도 있어야 한다. 셈이 늦고 아둔한 사람일지라도 이쯤 되면 머리를 굴릴 수밖에 없다. 이렇듯 짧은 기간 안에 많은 돈을 내 손에 줄 수 있는 방법은 공격적인 재테크 밖에 없다는 결론이 나온다.

실제로 이들 워킹파더가 국내 출판업계를 먹여 살릴 정도였다. 100만 원을 가지고 1년 만에 1억 원을 만들어낸다든가 3년 안에 3억 만들기 등 말초신경을 자극하는 문구를 달고 서점가를 장식한 이른바 재테크 책들이 풍미하기 시작했다. 또한 30대 중반에서부터 40대까지 겨냥한 마케팅이 큰 돌풍을 일으켰다. 그러나 출판업계를 살펴보면 미국발 금융위기가 본격화되면서 새로운 변화가 감지되고 있다. 으레 출판업계 주간 베스트셀러 20위권 안에는 재테크 관련 서적이 몇 권 포함되곤 했는데, 순위에서 아예 사라졌다. 주식 폭락과 주택가격 급락 탓에 개인의 자산이 급속도로 줄어 재테크를 할 만한 여유가 없을 뿐만 아니라 엄두조차 나지 않은 것이다. 심각한 점은 재테크에 나선 사람들이 오히려 역효과를 보았다는 사실이다. 그들은 지금까지 유행해 왔던 '무모한 재테크 따라하기'를 불신하는지도 모른다.

이미 앞에서 소개한 것처럼 워킹파더들은 중년에 들어선 지 오래지만 조직에서의 희망과 미래는 어두운 편이다. 이는 하루에도 몇 종씩 쏟아지던 재테크 서적들이 주제로 다룰 만한 내용이었다. 40대를 겨냥한 재테크 책들은 이어 30대, 20대로 급속히 번져나가면서 대학생들조차 등록금이나 하숙비로 주식에 투자하는 웃지 못 할 상황이 벌어지기도 했다. 그런데 현재 상황은 어떠한가. 재테크로 키워왔던 미래의 꿈은 오간 데 없다. 한때 2,000포인트를 웃돌아 사람들의 기대를 한몸에 받던 코스피지수는 2008년 10월 900선으로 밀리기도 했다. 또한 반 토막 난 펀드 수익률 때문에 모 은행 앞에서는 손해를 본 투자자자들의 돈 돌려달라는 시위가 벌어졌다. 그나마 손에 쥐고 있는 집값은 하루가 지날수록 뚝뚝 떨어지고 있다. 어딜 봐도 한숨과 상처뿐이다.

물론 크게 떨어진 주택가격과 주식은 언젠가 다시 오를 것이다. 지금이 오히려 매수의 기회라고 말하는 사람도 있다. 하지만 하루 벌어 먹고살 형편조차 버거운 대다수 서민들에게 그런 조언을 했다가는 돌 맞기 딱 좋다. 설령 그런 조언을 따랐다가 전망에서 빗나가는 일이 벌어지기라도 한다면 인생의 망가짐은 어디서 보상받을 것인가. 언제부터인가 우리 주변에서는 결혼에 필요한 돈이 부족하여 아예 결혼을 미루었다는 얘기나 대학생이 주식에 투자했다가 돈을 날려 학교로 복학할 수 없다는 얘기를 종종 듣곤 한다.

사실 요즘에는 회사에 갓 입사한 신입사원이나 1~2년차 직장인들도 거의 다 펀드에 가입해서 목돈을 만들고 있다. 그 돈의 목적은 결혼자금을 준비하기 위함이다. 그런데 이들에게도 지금의 글로벌 위기가 달갑지 않은 손님이다. 철썩 같이 믿었던 펀드 수익률이 반 토막 나는 통에 예상했던 결혼자금 규모에 적신호가 켜진 것이다. 그 결과 결혼을 미루는 사람이 부쩍 늘었고, 심지어 돈 문제로 다투다가 파혼하는 경우도 더러 있다고 하니 이래저래 안타까운 마음이 든다.

간혹 주가를 이런 식으로 계산하는 사람들이 있다. '주당 1,000원에 샀는데 지금 500원이지만 머지않아 분명히 오를 것이기 때문에 현재 500원 손해를 본 게 아니다. 1,000원의 가치를 여전히 가지고 있다. 이른바 장부상 손실일 뿐이다'는 식이다. 혹자는 '물타기 기법'을 동원하기도 한다. 떨어진 주가에서 미리 사두었다가 나중에 값이 오르면 상대적으로 손실이 상쇄되고 많은 이익이 실현될 거라는 생각에서다. 다 틀린 말은 아니지만 그렇다고 모두에게 적용되는 말도 아니다. 조금 전에 소개한 것처럼 결혼을 준비 중인 사람인 경우 펀드를 현금화해서 사용해야 하는데, 그 돈이 묶이면 난처할 수밖에 없다.

불과 얼마 전만 해도 회사 일만 열심히 하면 되던 세상이었다. 그러나 지금은 세상이 많이 바뀌었다. 아이들의 교육비는 물론이요 노후를 편하게 보낼 자금까지 짧은 시간 안에 챙겨야 한다는 강박관념이 재테크 열풍을 불러 일으켰다. 하지만 잘 생각해 보면 이는 결과적으로 황금만능주의만 양산할 뿐이다. 오히려 주머니는 빈털터리가 되고 헛된 꿈만 부풀려놓은 꼴이 되고 만 것은 아닌지, 다시 한번 점검해야 할 것이다.

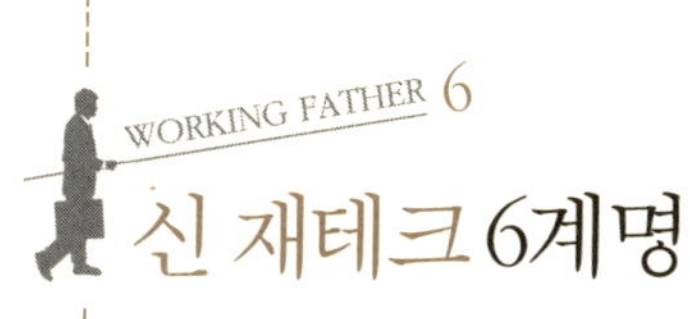

신 재테크 6계명

한치 앞도 분간할 수 없는 경제 상황이 전개되고 있다. 어떤 이는 재테크 무용론을 주장하기도 한다. 정말로 재테크가 필요 없는 것일까. 절대로 그렇지 않다. 이 책은 워킹파더들이 경제적인 문제를 홀로 짊어지고 가면서 발생하는 문제점과 해결책을 모색한다는 데 취지가 있다. 투자고수나 투기꾼 또는 공격적이거나 보수적인 투자자 등 다양한 투자 성향과 투자 패턴을 가르치려 있는 책이 아니다. 구체적인 투자법을 알도 싶다면 이 책보다 훨씬 배울 점이 많은 재테크 전문 서적을 참고하면 된다. 여기서는 가정의 행복과 동시에 워킹파더들의 성취감을 만족시킬 수 있는 재테크 자세를 모색해 보는 수준으로만 이야기하겠다.

첫째, 투자도 쉴 때는 쉬어야 한다. 군인도 50분 행군하다가 10분은 쉰다. 고지를 점령하기 전에도 준비 작업을 한다. 투자도 그렇다. 도저히 투자할 시기가 아니거나 경고등이 켜져 있는 시기에는 소신껏 투자를 보류하고 쉬는 것이 훌륭한 재테크 전략이다. 현재 시점에서 부동산을 구매할 것인지의 여부를 곰곰이 저울질하는 사람들이라면 곱씹어봐야 할 얘기다.

둘째, 손절매도 공격적인 투자만큼 중요한 투자다. 지난해 가을, 리먼브러더스 사태가 불거졌을 때 웬만한 펀드는 20~30%씩 원금손실을 본 상태였다. 만약 그때 과욕을 버리고 주식투자를 쉬었다면 수십 %의 원금이 손에 남아 있을 것이다. 당연히 플러스 수익을 내야 하겠지만 이보 전진을 위한 일보 후퇴도 중요하다. 현재 자신의 가계 능력에 맞지 않게 과도한 대출로 집을 장만한 사람들은 앞으로 전개될 경제 상황과 부동산 시장을 합리적으로 판단해서 손절매가 필요한지의 여부를 따져봐야 한다.

셋째, 현 시점에서는 현금 확보가 중요하다고 생각한다. 사이버 논객으로 유명세를 떨치다 구속된 미네르바는 지난해 말 '우리나라 사람들이 다가올 실직에 대비해 6개월 동안 사용할 수 있는 현금을 보유하고, 현금이 요구되는 각종 채무를 하루빨리 정리해야 한다' 는 주장을 내놓았다. 이 말은 그다지 새로운 주장이 아니다. 사실 이런 주장이 나오기 전부터 이미 일부 재테크 전문가들 역시 현금 보유에 대한 중요성을 강조한 바 있다. 재테크 꽤나 한다는 중산층 이상의 사람들은 자금을 금리가 높은 예금 쪽으로 옮겨놓기 시작했다. 그러나 채무, 즉 빚을 줄이는 일에 대해서는 아직까지 확실한 액션이 없다는 점이 우려로 남는다. 개인의 자산이 대폭 줄어든 상황에서 만약 실직이라는 사태를 맞는다면 그야말로 있는 집이나 주식마저 급매물로 던져 헐값에 내놔야 할지 모른다.

넷째, 역시 재테크는 꾸준히 발품도 팔고 공부도 해야 한다. 재테크의 묘미는 사실 타이밍에 있다. 언제 사들이고 언제 팔고 등등의 타이밍을 잘 맞춰야 한다. 이는 평소 경제에 대한 정보와 관심을 갖고서 내 것으로 소화시키는 사람의 몫이다. 동시에 재테크 전문 지식도 쌓으려는 노력이 필요하다. 그리고 무엇보다 이런 내용을 혼자 고민할 게 아니라 아내와 함께 공유하면 좋다. 요즘에는 맞벌이 부부가 많을 뿐 아니라 꼼꼼함 면에서는 여성이 남성보다 훨씬 뛰어나다. 부부가 함께 재테크를 하다 보면 불협화음도 줄일 수 있다.

H그룹에 다니는 김과장은 수년 전 돈을 빌려 벤처에 투자했다가 그 회사가 상장 폐지되면서 빚만 졌다. 김과장은 하는 수 없이 명성이 낮은 중소기업에서 연봉을 더 받기로 하고 이직했다. 그는 이 중소기업에서도 자사주를 대량 매입했다가 주가 폭락으로 또다시 돈을 날렸다. 이쯤 되면 이혼감이지만 김과장은 평소 아내와 함께 투자에 대한 정보를 찾고 투자 여부를 논의해 왔기 때문에 큰 충돌은 없었다.

○ ● ○

다섯째, 리스크에 대한 개념을 명확히 짚고 넘어가야 한다. 주식투자든 부동산투자든 과도한 수익률 기대감에 빠지지 말아야 한다. 은행이자보다 조금 더 높은 수익률을 내겠다는 목표가 적당하며 이런 투자 풍토가 확산되어야 한다. 물론 좋은 기회가 찾아올 때도 있다. 좋은 기회란 수익률이 높고 그 수익률을 달성할 확률도 높다는 것이다. 하지만 반대로 그만큼 리스크도 높다는 것을 의미한다. 문제는 우리가 높은 리스크를 인지하고 투자하는 것인지 아니면 리스크를 무릎 쓰고 투기로 돌아서는지다. 둘 사이는 종이 한 장 차이에 불과하다.

마지막으로 투자란 게 반드시 부동산이나 주식에 돈을 넣는 것만이 전부가 아니다. 집을 투자의 대상이 아닌 가족과의 안락한 주거공간으로 인식하는 것도 투자의 방향에 중요한 전환점을 제공할 것이다. 아울러 부동산과 주식에 투자하는 돈과 시간을 자신의 능력계발에 적극 할애하는 것도 훌륭한 투자가 될 수 있다. 무엇보다 사회적으로 이 같은 공감대 형성이 시급하다.

투자자와 투기꾼의 차이를 알라

주식매매나 아파트를 구입하기에 앞서 나의 재테크 성향을 스스로 진단해 보는 자세도 중요하다. 당신은 과연 투자자인가 투기꾼인가? 구체적으로 살펴보도록 하자.

이는 매우 중요한 의미를 갖는다. 대한민국에서 투기 성향을 가진 사람이 부자로 살아남기란 결코 쉽지 않다. 건강한 투자자가 마르지 않는 목돈을 만질 수 있다. 주식에서는 개미의 딜레마로 이를 이해할 수 있다.

2008년 11월 초, 코스피지수가 1,000포인트 아래로 붕괴되면서 증권시장이 패닉 상태에 빠지기 시작했다. 당시 증권계에서는 모 증권사 회장을 비롯하여 이구동성으로 지금이야말로 100년 만에 올까 말까한 투자의 최적기라는 의견을 내놓았다. 그래서였을까. 지수는 심리적 전환을 토대삼아 상승세로 반전하면서 1,200선까지 가파르게 상승 행진했다. 그런데 이 같은 상승세에서 유독 주식을 사다 모은 주체는 다름 아닌 개미와 기관투자가였다. 반대로 외국인은 매도세를 유지했다. 그런 와중에 일부 증권전문가들은 상승반전 시장이 오래 가지 못할 것으로 내다보았다. 아니나 다를까. 주가는 보름여 만에 다시 1,000포인트 아래로 떨어졌다. 이 시기에 국내 경제계를 강타한 미네르바의 예언이 등장한다. 인터넷 포털 다음의 토론광장 아고라에서 활약해 온 경제논객 미네르바가 2008년 11월 중순경 언론을 통해 코스피지수 500선, 미국은 5,000선이 올해 바닥이 될 거라고 예언하자 증시가 출렁거렸다. 미네르바가 리먼브러더스의 부도 등 글로벌 경제 위기를 예견한 사실이 알려지면서 그는 유명세를 타기도 했다. 미네르바의 예언이 맞든 100년 만에 투자 최적의 시대가 왔다는 주장이 적중했든 둘 다 사회적 파장을 일으켰다. 누가 맞고 틀리고는 중요하지 않다. 투자에서 가장 중요한 것은 바로 누가 투자할 것인가와 개인의 자금 현황 및 타이밍의 문제다.

100년 만의 투자 최적기가 올 거라고 말하던 증권가의 추정은, 당시 시점에서는 심각한 오류를 가지고 있었다. 당시 가입해 둔 펀드 중 80~90% 이상 원금손실을 본 투자자가 부지기수였던데다 주택담보대출로 대출이자를 갚는 데도 부담이 컸던 시기였다. 더구나 집값은 완연한 하락세를 보이고 있었다. 그럼에도 100년 만에 투자 최적기가 왔다면서 투자를 촉구하면 그야말로 전체가 죽는 투기만 부채질한 꼴이다. 투자 여력이 없는 상황에서 추가로 투자 자금을 확보하려면 마이너스통장을 쓰든가 무리한 방법을 동원해야 하기 때문이다. 그러자 곧바로 미네르바의 500설이 나왔다. 가지고 있던 자산이 반 토막 난 상황에서 추가로 매수를 들어갔다가 그의 말처럼 주가가 500으로 깨졌다면 상상할 수 없는 일이 벌어졌을 것이다.

개미는 이처럼 100년 만에 오는 최고의 타이밍이 와도 이를 효과적으로 활용할 여력이 없다. 그리고 개미들은 투자 외에 빡빡한 경제생활을 영위해야 한다는 점도 승부를 어렵게 만든다.

자영업을 하는 황보씨의 얘기다. 중장기 투자전략으로 펀드를 선택한 황보씨는 집에 있는 돈 2,000만 원을 펀드에 가입했다. 당시 주가는 1,500포인트를 뚫고 있었는데, 무서운 기세로 2,000포인트까지 갈 거라는 전망이 우세했다. 황보씨는 '이런 상승기에 괜히 돈을 뺐다가 대박을 터트릴 수 있는 대열에서 낙오하면 어쩌나' 하고 생각했다. 그러던 황보씨에게 갑자기 목돈이 필요해졌다. 어머니가 유방암에 걸려 수술을 받아야 할 처지가 되었다. 황보씨는 수술비와 입원비 등을 마련해야 하는 입장이 되면서 펀드 일부를 회수해야 했다. 결과적으로 큰 손해를 면할 수 있었다. 이렇듯 황보씨처럼 일반 개미들은 아무리 시장 분위기가 좋아도 돈을 묶어둘 만한 여유가 없다.

○ ● ○

때로는 과감하게 처분하는 것도 중요한 재테크다. 나 역시 비슷한 경험이 있다. 지난해 10월 이후 부동산 가격과 주식시장의 본격적인 이상 징후가 나타나자, 연내 1,000포인트가 깨질 가능성이 높다고 판단했다. 결국 당시 원금손실 30%에 달했던 펀드를 깨기로 했다. 실제로 주가는 1,000포인트가 깨지고 많은 사람들은 원금손실 50~80%를 보면서 망연자실했다. 손실을 감수하고서라도 매도하는 것도 중요한 투자 마인드다.

그렇다면 투자자와 투기꾼의 차이는 무엇일까. 둘 다 최소 비용으로 최대 효과를 보겠다는 점에서는 큰 차이가 없다. 우선 투자 기간이 장기적이냐 단기적이냐의 차이일 것이다. 당연히 투자자는 투자 대상의 성장을 장기적인 안목에서 판단한다. 반면에 투기꾼은 단기적으로 시장에 접근하여 높은 수익률이 날 수 있는 대상을 물색한다. 두 번째 차이점은 위험을 어떻게 받아들이느냐의 여부다. 투자자는 투자 대상의 리스크가 커질 수도 있다는 점을 감안해 투자 대상과 투자 규모를 정한다. 이 같은 리스크 회피를 위해 가급적 여윳돈으로 투자하는 것이다. 그러나 투기꾼은 되도록 리스크가 높은 자산에 비중을 높이 두고 투자한다. 높은 수익률을 얻기 위해서는 그만큼 투자 위험을 감수해야 되기 때문이다. 주식시장의 존재 가치 측면에서 투자자와 투기꾼의 차이를 구별할 수도 있다. 일반 투자자는 집안에 있는 자금을 잠재가치가 높은 기업에 투자함으로써 이 돈이 생산활동의 피와 같이 사용될 수 있도록 투자한다. 그러나 투기꾼은 정보의 독점과 왜곡을 일삼을 뿐만 아니라 심하게는 탈법적인 행위까지 일삼아 기업의 건전성을 해치고 사회적으로 물의를 일으킨다.

이렇게 하여 당신의 투자 패턴에 진단이 끝났다. 그 답은 스스로 알 것이다. 사람들은 모두 본인이 바람직한 투자 마인드로 임한다고 믿지만 사실 여부는 뚜껑을 열어봐야 아는 법이다. 지난해 펀드가 최고 0%대까지 깨지면서 펀드 소송 대란이 일어났다. 펀드 판매 당시 원금보장이 될 뿐만 아니라 펀드 손실이 엄청나게 날 수도 있다는 내용을 소비자에게 알리지 않아 불완전 판매였다는 내용이 주를 이뤘다. 물론 불완전 판매가 있었던 것은 사실일 것이다. 그러나 일부 상품의 경우 소비자의 암묵적인 동조도 있었을 것으로 판매사측에서 추정한다. 진실은 알 수 없다. 그러나 당시 분위기가 펀드를 가입해야 부자가 될 거라는 데에만 매몰되어 있어 펀드의 위험성에 대해서는 판매자나 가입자나 모두 한귀로 슬쩍 흘려들었던 것은 아닐까 추측해 본다.

과하지도 부족하지도 말라는 말이 있다. 때때로 우리를 혼란스럽게 만드는 각종 유혹으로부터 흔들리지 않으려면 통제력이 필요하다. 우리들 마음속에 대박 부자가 되고 싶다는 욕망을 제어하는 것도 진정한 부자로 가는 방법이다.

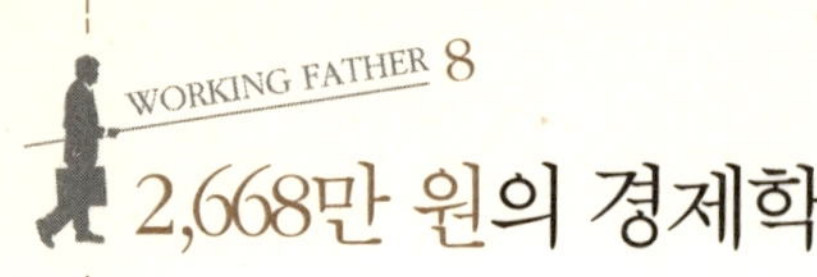

2,668만 원의 경제학

우리나라서 살아가려면 돈이 많이 든다. 물가도 세계 최고 수준이다. 수명도 과거보다 많이 길어졌다. 그렇다면 도대체 남아 있는 삶을 위해 얼마나 모아야 할까. 워킹파더 세대는 당장 먹고 사는 것도 빡빡한데 미래의 노후 문제도 챙겨야 하닌 마음에 와 닿는 부담이 이만저만이 아니다. 솔직히 자녀들에게 기대거나 손 벌려도 이들 세대가 자신들의 노후를 챙겨줄 것 같지는 않다. 그러나 워킹파더 세대는 아버지 세대를 챙겨드려야 하는 처지다. 앞에서 언급한 '낀 세대'의 딜레마에 빠져 있다. 빠듯한 살림살이라 모으는 일조차 버거운데, 부모 봉양과 자녀 교육을 위한 지출이 적잖다. 반면에 가까운 미래에 자식들로부터의 보상은 기대할 수 없다. 또한 평균수명이 늘었다는 건 살기 좋아졌다는 지표이지만 워킹파더들의 입장에서 보면 또 다른 심각한 문제다. 은퇴 후 수입이 없는 상태에서 먹고 살아가야 할 세월이 30년 이상 되기 때문이다.

예로부터 사람들은 오래 사는 일에 대한 욕망이 강했다. 오래 사는 건 누가 뭐래도 좋은 일이다. 하지만 넉넉한 재산이 있거나 부담 느끼지 않고 누군가 나를 봉양해 준다는 조건이 있어야 좋은 일이다. 기본적인 재산 없이 살아야 한다면 좋은 일이 아닌 고역일 수 있다. 더구나 최근에는 우리 사회가 선진국형으로 빠르게 진행되는 상황이다. 돈 들 일이 별로 없는 노후 생활이라 해도 기본 욕구만 해결하는 수준이라면 만족한 삶을 살 수 없다. 결론적으로 말해 돈이 있어야 행복하다는 얘기다. 일각에서는 노후를 위해 모아야 할 돈이 10억 원 정도라는 분석도 있다. 당장 집을 장만하고 아이들 교육비를 마련해야 하는 상황에서 별도의 노후 자금 10억 원 마련이라….

워킹파더에게는 악몽과 같은 소리일 것이다. 여유 있는 노후가 모든 직장인의 꿈이지만 준비를 착실히 해온 사람은 사실 많지 않다. 통계청의 '2008년 2분기 가계수지 동향'을 살펴보면 2인 이상 전국 가구의 월 평균소득은 309만 2,200원, 월 평균지출은 249만 9,700원인 것으로 나타났다. 이는 노후 준비를 포함해 저축할 수 있는 금액이 최고 59만 2,500원에 불과하다는 점을 일깨워주는 수치다. 월 평균소득이 점차 상승하는 게 사실이지만 가족마다 고정적으로 지출해야 할 비용 역시 점점 높아지고 있어 여유 있는 생활은커녕 노후 준

Working Father

비를 위한 자금 마련이 빡빡하다. 현실이 그렇다.

2008년 삼성생명이 분석한 〈노후생활 준비에 대한 보고서〉에는 의미심장한 내용이 들어 있다. 이 분석에 따라 실제 여유로운 노후를 위해서 얼마 정도의 돈이 필요한지 알아보자.

일단 2008년 기준 우리나라 60세 이상 가구가 월 평균 204만 9,178원을 지출한 것을 토대로 월 평균 210만 원 지출한다는 가정을 세우면, 61세 기준 일시금으로 6억 5,000만 원(현재가치)이 있어야 한다는 분석이다.

지금의 40세는 11억 8,000만 원, 50세는 8억 8,000만 원이 61세 때에 필요하다는 분석이다. 이는 물가상승률 3%와 투자수익률 5%를 감안한 것인데, 현재의 가치로 환산하면 약 6억 5,000만 원에 해당한다. 물론 여성이 58세부터 83세까지(26년), 남성은 61세부터 80세까지(20년) 산다는 가정에 따른 것이다. 그렇다면 연간 얼마나 필요하고 더욱 여유 있는 노후를 위해 추가로 얼마나 필요한지도 따져볼 필요가 있다. 결론적으로 상류층 수준의 노후생활을 위해서는 연간 4,748만 원, 중산층 수준 노후라면 2,668만 원이 필요하다는 계산이다. 일단 60세 이상 가구의 기본 생활비는 현재 156만 2078원(연간 1,872만 원) 수준인 것으로 추산된다. 그러나 이 수치는 기본적으로 먹고 자고 마시는 일과 일정 부문의 의료서비스만 받는 최소한의 노후 생활에 필요한 돈이다.

노후에 대한 눈높이는 각 개인마다 다르다. 그러나 전반적으로 기대감이 높다는 현실을 무시할 수는 없다. 따라서 상류층과 중산층으로 나눠 현재가치로 연간 필요자금을 설계해 볼 필요가 있다. 우선 주 2회 정도 가사 도우미를 이용하고, 가끔 부부동반 골프와 해외여행을 즐기며, 2,500CC급 차량을 운행하는 상류층 노후를 꿈꾸는가? 그렇다면 2,876만 원이 더 필요하다. 그렇다면 상류층 모델은 위에서 설명한 연간 기본생활비 1,872만 원에 2,876만 원을 더한 4,748만 원이 필요하다는 얘기다. 만약 가사 도우미나 골프 없이, 또 해외여행 대신에 국내여행을 즐기고 그 밖의 사는 데 필요한 비용을 낮은 수준으로 조정한 중산층 노후라면 796만 원이 있어야 한다. 한마디로 중산층 수준의 생활을 누리려면 기본생활비 1,872만 원에 796만 원을 더한 2,668만 원이 필요하다는 얘기다. 물론 이런 수치가 행복한 노후를 보장해 주는 건 아니다. 일부에서는 노후 자금으로 10억 원을 산정하는 것 자체가 과장된 수치라고 주장한다. 생활의 질과 행복의 가치를 어디에다 두고 노후를 설계하느냐에 따라 수억 원의 예비 자산에 변동이 생길 수도 있다.

다시 워킹파더들의 현실로 돌아와 보자. 이 시대 워킹파더들은 앞뒤로 꽉 막힌 상황에서 홀로 자구책을 마련하여 살아가야 한다는 강박관념에 시달리고 있다. 많은 돈을 젊을 때 마련해야 한다고 느낀다는 얘기다. 더군다나 일직 홀로 되어 외로운 사람일수록 미래 준비에 대한 욕망과 기대치가 높으며 더불어 불안한 심리도 큰 법이다.

열린 마인드가 자영업 성패의 열쇠다

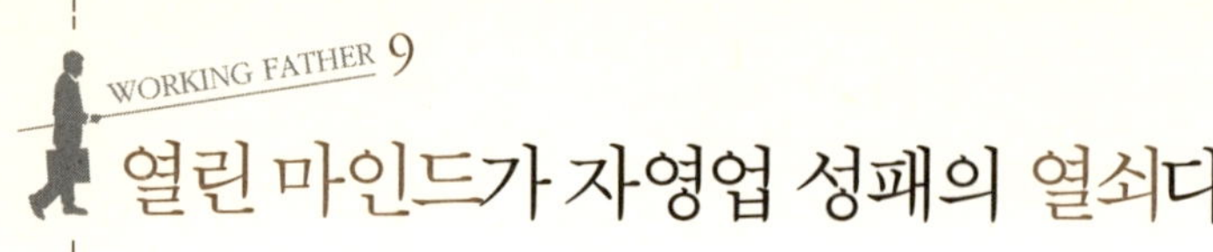

회사에서 퇴직했거나 퇴직을 앞둔 워킹파더라면 창업 또는 재취업이라는 두 갈래 길에 서 있을 것이다. 사실 재취업이든 창업이든 난관은 있게 마련이다. 다시 회사를 알아보는 사람들은 과거의 영광이 재취업에 방해가 될 수도 있다. 가령 "얼마 전까지만 해도 내가 대기업 부장이었는데…."라는 생각이 새로운 직장이나 일거리 찾는 시기를 늦추기도 한다. 이런 경우가 왕왕 있다. 조금 더 나은 일자리를 찾다가 1~2년을 허비하는 사람도 많다.

공기업에서 기획부장으로 정년을 마감하고 아파트단지 주차 관리로 제2의 인생을 살고 있는 양모씨는 이런 조언을 한다.

"하루라도 빨리 눈높이를 낮추는 것이 인생 2막을 성공적으로 개척하는 지름길입니다."

　최근 극심한 경제침체가 이어지면서 창업에 나서려는 사람들이 많다. 직장 눈치 안 보고 과감히 사장님 하겠다는 거다. 불길한 뉴스는 과거 외환위기 때보다 훨씬 더 어려울 수 있다는 전망이다. 창업을 하려면 돈이 필요한데, 워킹파더들은 돈이 별로 없다. 자산가치가 하락한 탓이다. 창업할 만한 목돈이 부족하다는 말과 같다. 떡볶이 체인점처럼 작은 프랜차이즈를 운영하려면 3,000만 원, 작은 치킨집을 열려면 평균 5,000만 원, 소주를 주로 파는 퓨전 주점을 오픈하려면 8,000만 원 정도 필요한 것으로 알려져 있다. 공간이 비교적 넓은 호프 전문점을 열려면 기본이 1억 5,000만 원부터 시작한단다. 사람과 형편에 따라 다르겠지만 장사를 하려면 기본적으로 목돈이 손에 있어야 한다. 초기 자금이 만만하지 않다. 이럴 땐 공동창업도 고려해봄직하다. 비용 분산으로 리스크 문제도 해결할 수 있다. 그런데 창업을 준비하려는 사람은 혼자 해야 한다는 생각에 젖어 있다. 스스로 오너십을 가져가겠다는 뜻인데, 비용이 부담이라면 무리한 대출보다 공동창업도 좋은 대안이 될 수 있다.

　사실 창업자들의 가장 큰 고민은 무엇WHAT을 해야 할지다. 그 다음 고민은 어디서WHERE 할 것인가다. 그러나 창업으로 성공한 사람들의 면면을 살펴보면 사업을 누가WHO 하느냐가 가장 중요하다. 자신이 창업자로 나설 준비가 됐느냐 아니냐에 따라 성패가 갈린다는 말이다. 아래에 두 가지 사례를 제시할 텐데, 퇴직 후 창업해서 탄탄한 길을 걷고 있는 분들의 얘기를 통해 그들의 창업 마인드를 배워보는 것도 도움이 된다.

정릉 부근에 문을 연 한 보쌈 가맹점은 평수 대비 최고 매출액을 올리는 곳으로 꼽힌다. 50평짜리 매장에 직원 수는 20명에 달한다. 인건비를 아끼려다 서비스가 소홀해져 고객의 신뢰를 잃는다면 더 큰 손해가 생긴다는 사장의 지론 때문에 유난히 직원이 많다. 이곳 사장은 새로운 메뉴가 개발되면 자신은 물론 직원들이 교대로 본사로 찾아가 직접 교육을 받는다. 직접 배워야만 조리방법이 바뀌어야 하는 이유와 서비스 변화 방침을 이해할 수 있기 때문이다. 직원들이 손님에게 음료나 고기·보쌈김치 등을 재량껏 서비스로 내줄 수 있도록 자율권을 부여한 것도 특징이다. 적시에 좋은 서비스를 고객에게 제공하기 위한 조치다. 장사가 본궤도에 올랐지만 긴장을 늦추지 않고 홍보에 쏟는 비용을 별도로 책정할 만큼 이미지 관리에도 신경 쓴다.

BBQ로 잘 알려진 제너시스에서 론칭한 초밥 전문점 유나인(u9). 조모씨는 유나인 가맹점을 운영 중이다. 조씨는 장사 경험이 전무한 샐러리맨 출신이다. 하지만 서비스업 경험이 전무한 그가 성공한 비결은 다름 아닌 퍼주기 전략에 있다. 무엇보다 조씨는 권위적인 이미지를 완전히 없앴다. 서빙, 카운터 업무, 식재료 정리 등 모든 일을 직원들과 함께 하려고 한다. 직원에 대한 처우도 남다르고 급여를 매월 실적에 따라 달리 지급할 만큼 파격적이다. 매출이 좋으면 자연스레 장사가 잘되고 직원들의 동기 부여도 커지게 되기 때문에 윈-윈 효과가 있단다.

○ ● ○

짧은 사례들이지만 여러 가지를 생각하도록 만든다.

각국의 근로관 비교

생계수단형(한국)	19.5%	• **돈벌이 수단으로서의 근로관** 돈과 일을 가장 중시
자아실현형(미국)	41.0%	• **일과 관계지향적 근로관** 일의 흥미, 발전가능성, 관계만족도 등을 고루 중시
관계지향형(일본)	17.9%	• **관계지향형** 일의 흥미와 사회적 기여보다 직장 내 관계와 충성심 중시
보람중시형(프랑스)	21.6%	• **일의 흥미지향적 관심** 직장 내 관계와 충성심보다 일의 흥미와 발전 가능성을 더 중시

자료: 삼성경제연구소

일반적인 신용등급표와 개인별 신용 상태 정보

1등급	신용도 매우 우량, 건전한 신용활동 유지, 최상위 신용등급
2등급	신용도 매우 우량, 건전한 신용활동 유지, 상위 신용등급
3등급	신용도 매우 우량한 상태, 안정적 신용거래 유지
4등급	신용도 매우 우량한 상태, 단기 연체가 없는 신용활동
5등급	신용도 보통이며, 장기 연체가 없는 신용활동
6등급	신용도 보통이며, 장기 연체가 없는 신용활동, 약간의 신용위험 존재
7등급	신용도 다소 우려되는 수준이나, 기존 거래 유지는 가능한 수준
8등급	신용도 우려되는 수준, 부실화 진행
9등급	신용도 낮은 상태로 부실화 요인이 현재화
10등급	신용도 매우 낮은 상태로 부실화, 신용거래 문제 발생

자료: 한국신용정보

CHAPTER 6

이상적인 아버지 되기

Working Father

브라보 마이라이프

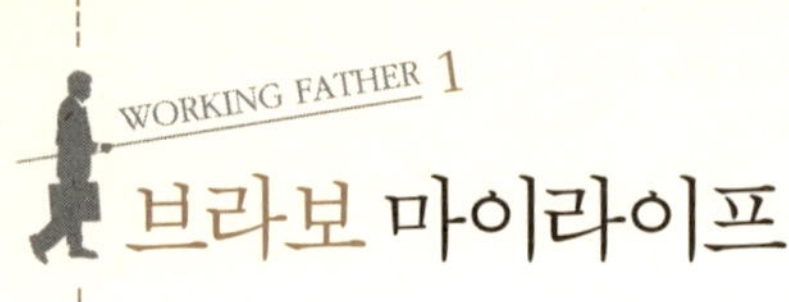

워킹파더들의 앞길은 첩첩산중이다. 가도 가도 끝이 안 보인다. 가족의 무관심, 노후에 대한 두려움, 게다가 경제 불황으로 점점 조여 오는 실직의 위기감까지… .

그래도 현실에서 벗어날 수는 없다. 그렇더라도 현실을 스스로 확대해석하면서 스스로를 위축시키는 것이야말로 어리석은 일이다.

미국의 대공황을 극복해 낸 미국의 루즈벨트 대통령의 얘기를 해 보겠다. 1933년 3월에 취임한 그는 아주 유명한 연설을 남겼다.

"지금은 똑바로 진실을 이야기할 때입니다. 모든 진실을 솔직하게 거짓 없이 털어놓아야 할 때입니다. 오늘날 우리가 당면한 위기 때문에 위축될 필요는 없습니다. 이 위대한 나라는 과거에 해냈던 것처럼

또다시 해낼 것입니다. 우리가 두려워해야 할 것은 두려움 그 자체뿐
입니다.”

이 시대를 살아가는 대한민국 워킹파더들에게 희망이 되는 메시지
다. 어려움이 다가올수록 아버지들은 더욱 자신을 돌아보고 자기 자
신을 사랑하며 챙겨야 한다. 가족들에게 늘 해오던 ‘미안하다’는 말
대신 당당하게 내가 하고 싶은 것이 무엇인지를 밝히는 것도 좋다.
영화 〈브라보 마이라이프〉의 주인공 조민혁은 직장 한 곳에서 샌님
처럼 성실함으로 일관해 30년간 근속하고 퇴임을 30일 앞둔 만년 부
장이다. 일에 악착같이 덤벼들거나 승진에 대한 욕망도 약하다. 아래
에서는 후배들이 치고 올라온다. 그래도 조부장은 오로지 처자식을
먹여살리겠다는 각오로 30년 동안 한 직장에서 버텨왔다. 하지만 막
상 정년이 다가오자 허탈감이 몰려온다. 조부장의 젊었을 적 꿈은 밴
드의 드러머다. 그런데 평소 철없고 좌충우돌할 것 같던 박과장은 노
래를 잘하고 자기보다 두 달 늦게 퇴임하는 김부장은 색소폰 연주를
잘한다. 회사 경비원 최씨는 기타 연주 실력이 장난이 아니다. 여기
에 귀엽고 발랄한 후배직원 김유리의 가세로 이들은 5인조 밴드를 꾸
린다. 영화는 오늘날 중년 워킹파더들의 쓸쓸한 자화상을 보여준다.
나이 든 탓에 직장에서의 경쟁력은 비록 뒤지지만 성실함을 신조로
살아가는 조부장은 당장 일자리도 없고 유학을 가고 싶어하는 아들

을 위해 어떻게 돈을 마련해야 할지 고민에 빠진다. 그러던 중 문득 조부장은 젊은 시절 밴드의 꿈을 기억하고 잊고 지내던 젊은 날의 꿈과 열정을 발산하는 일탈을 시도한다.

또 다른 영화 〈즐거운인생〉도 비슷한 시기에 개봉되어 관객들의 호평을 받았다. 소재도 엇비슷하다. 20년 전 3년 연속 대학가요제 탈락 끝에 뿔뿔이 흩어진 록밴드 활화산 멤버들. 이들 멤버의 일상은 철없고 무능한 아버지의 일상 그 자체다. 명퇴 후 눈치 밥만 밝히는 백수 기영, 공부 잘하는 자식 만나 낮에는 택배기사 밤에는 대리운전으로 24시간 풀가동하는 성욱, 기러기아빠인 자신을 자랑스럽게 여기는 혁수가 등장인물이다. 이들은 '활화산'의 리더였던 상우의 장례식장에서 만나 돌아오는 길에 록밴드를 재결성하기로 사고를 친다.

두 영화는 철없는 아버지들이 벌이는 하루 정도의 일상 탈출쯤으로 이해되기도 한다. 그러나 영화들은 남자들에게 꼭 필요한 몇 가지 화두를 제공해 준다. 어른이 되고 아버지가 되면서 부딪히는 현실은 만만치 않다. 어느 순간 자신도 모르게 현실과 타협하며 소신과 꿈을 하나 둘씩 포기하며 살아간다. 그러면서 '나는 가정과 사회를 위해 어쩔 수 없이 스스로를 희생하는 것'이라며 자위하는 게 전부다. 누군가에게 마음을 표현할 줄도 모른다. 그래서 두서없이 미안하다고만 한다. 어쩌면 미안하다는 말은 현실과 적당히 타협하면서 살아온 자기 자신에 대한 고백일 수도 있다. 영화에서처럼 워킹파더들에게 중요한 것은 용기다. '일상을 탈출하기 위한 선택지가 고작 밴드냐?'고 반문할 수도 있겠다. 그러나 이조차 시도하지 못한다면 메마른 용기에 더 이상 할 말이 없다.

두 영화는 우리에게 스스로 즐거운 인생을 살고 있는지, 그렇지 않다면 마음에 차지 않는 삶을 새롭게 바꿀 수 있는 용기가 내게 있는지를 되묻는다.

회사는 인생에서 아버지들이 가장 많은 시간을 보내는 곳이다. 때로는 더럽고 치사해도 못 본 척, 못 들은 척 웃고 넘어가야 하는 게 아버지들의 현실이다. 그러나 삶은 힘들수록 열정적이어야 한다. 일상의 고단함을 피해갈 수는 없다. 그렇지만 자신이 하고 싶은 일을 고단함 속에서 일궈내는 것이야말로 가장 값지다.

이 시대 아버지들은 가족이나 사회에서 주어지는 의무에 많은 강박관념을 갖고 있다. 그러나 영화 속 주인공들처럼 스스로 행복한 삶이 무엇인지 깨닫고 한 가지씩 찾아가는 열정과 용기를 되찾는다면 지금의 상황을 더욱 긍정적으로 극복할 수 있을지 모른다. 즐거운 인생을 찾으려는 당신, 그러나 아내의 따가운 시선이 벌써부터 머릿속에 그려질 수도 있다. 하지만 아내는 경쟁자가 아니라 인생의 동업자다. 가정 문제를 딱 잘라 '네가 즐거운 인생을 찾는 동안 그 수고로움을 내가 다 짊어져야 하느냐' 는 논리가 성립이 안 된다. 어려울수록 나를 찾아가는 길은 오히려 세상을 더욱 합리적으로 바라볼 수 있도록 한다. 대출이자 갚기에 허덕이면서도 집값이 몇 억 올랐다는 주위 사람의 말에 끌려 최소한 '집 가진 거지'로 전락하는 우를 범하지는 않을 거란 말이다. 워킹파더들이 '브라보 마이라이프!'를 목청껏 외치는 그날이 바로 우리의 가정과 사회가 건강해지는 시기다.

부자에게 배우는 특별한 아버지상

재벌들이 마음에 품고 있는 자녀에 대한 교육과 철학은 세인들의 벤치마킹 대상이다. 그토록 많은 돈을 벌어 부의 세습으로 이어지는 것이 아니라, 자녀들에게 부에 대한 개념과 새로 시작하는 도전정신 등을 가르치는 데에 더 열성이다. 진정한 노블리스 오블리제 정신을 엿볼 수 있다.

WORKING FATHER

국내 20대 그룹으로 급성장한 모 그룹의 강회장은 월급쟁이로 시작해 그룹 오너에까지 오른 입지전적 인물이다. 물론 그에게도 시련이 없었던 건 아니다. 과거에 몸담고 있던 회사가 부도처리 되자 새로운 사업을 구상하기에 이른다. 강회장은 가족들과 함께 짧은 여행을 떠나면서 퇴직금과 집을 담보로 새롭게 사업을 시작했다. 고난이 오더라도 묵묵히 이겨내고 나아가겠다는 다짐을 다지면서…. 그는 특유의 결단력과 집중력으로 잇단 인수합병을 성사시키며 발군의 경영능력으로 계열사들을 선두 반열로 끌어올렸다. 그리고 자기 회사를 국내 대표적인 그룹으로 만들어냈다. 강회장은 소탈하면서도 강직한 사람으로 정평이 나 있다. 그는 성공 비결을 묻는 사람들에게 지금 많은 돈을 벌었지만, 모두 임직원의 피와 땀이 있었기에 가능한 것이라며 허리를 굽힌다. 강회장은 흔히 부자들이 자식들에게 부를 세습해 주는 관행을 깨겠다면서 향후 본인의 자녀들에게 회사를 통째 넘겨주지 않겠다고 밝혀 주목받기도 했다.

○ ● ○

　우리나라 상류층은 부의 세습에 대한 비판에서 자유롭지 못한 편이지만 강회장은 '자녀들의 앞날을 위해서라면 최선을 다해 솔선수범하는 모습을 보여주는 것 자체가 부를 물려주는 것보다 더 값진 일'이라고 생각한다. 강회장처럼 건전한 생각을 가진 아름다운 부자들도 꽤 많다.

　세계적인 갑부 빌 게이츠는 소신 있는 자녀교육 철학을 가진 사람으로 꼽힌다. 그는 현명하게 돈을 쓰는 게 돈을 버는 것만큼이나 어렵다는 점을 강조해 왔다. 특히 빌은 자신이 벌어들인 돈을 사회에 쾌척하겠다는 의지를 피력하기도 했다. 그는 우리 돈으로 몇 십 조의 돈을 가진 거부지만 두 자녀에게는 1,000만 달러만 물려주었을 뿐이다. 물론 이 돈도 많은 편이다. 하지만 그가 가진 전 재산에 비하면 아주 적은 돈이다.

세계 최대 유통업체 월마트의 창업주 샘 월턴은 자녀들에게 절약의 가치를 물려주기 위해 가게에서 일을 시킨 후 소액의 용돈을 줘서 돈의 소중함에 대해 지도했다. 이같이 세계적으로 유명한 재벌들의 자녀 교육에는 몇 가지 공통점이 있다. 첫째, 절약하는 습관이 몸에 녹아 있는 그들은 자녀들에게 돈 버는 경험을 쌓게 해 돈의 소중함을 일깨워준다. 둘째, 닥치는 대로 돈을 벌어들이는 졸부가 되는 것을 경계하고자 전문성을 겸비하고 스스로 땀을 흘린 보람을 느끼도록 독려한다. 셋째는 노블리스 오블리제 정신을 강조한다.

넘쳐나는 부를 고스란히 자녀들에게 물려줬다가는 돈 씀씀이의 내성이 약한 자녀들 입장에서 볼 때, 차명적인 독이 될 수도 있다. 이러한 점을 현명한 부자 아버지들은 경계했다.

성공과 행복을 위한 시간관리

가정의 행복이 우선일까, 회사 업무가 우선일까? 워킹파더라면 매일 같이 고민하는 부분이다. 가정의 행복을 최고 가치로 삼고 가족과 많은 시간을 보내고자 회사에서 일이 끝나면 집으로 부리나케 달려가는 사람들도 있다. 참 가정적인 모습이다. 그런데 왠지 뒤통수가 따갑기도 하고 한편으로는 뜨거운 반성이 들기도 한다. '좀더 열심히 일해야 이곳에서 살아남지 않을까' 라는 워커홀릭에 빠진 직장인들의 반응이 이렇다. 그렇다고 직장에서 열심히 일만 할 수도 없는 노릇이다. 며칠 늦기라도 하면 아내와 아이들이 난리다.

우리끼리 얘기니까 좀더 솔직해져보자. 당신이 늦게 귀가하는 까닭은 물론 밀린 업무 때문이기도 하겠지만 업무 후 2차, 3차로 이어지는 술자리가 상당 부분 차지하고 있는 것은 아닌가. 이 책을 보고 있는 여성 독자라면 그동안 남편에게 속았다는 생각이 들 테지만….

어쨌든 간에 직장인들은 술자리가 업무의 연속선상 차원이라고 강변한다. 나의 경험상 반은 맞고 반은 틀린 말이다. 대한민국의 평범한 아버지 직장인들은 직장과 가정 사이에서 고민이 많다. '가정도 지키고 직장도 지키는 좋은 방법이 없을까?' 하는 고민 말이다. 완벽한 해법은 아니지만 아래의 이야기들을 통해 괜찮은 답이 만들어질 수 있다고 생각한다.

우선 가정이 먼저냐 직장이 먼저냐?라는 이분법적 생각의 틀을 깨는 것에서부터 출발하자. 그리고 자기계발이 가정과 조직에서 인정받을 수 있는 키워드라는 점을 알고 넘어가자. 꾸준한 자기계발은 가정과 직장, 그리고 당사자 3개 주체 모두로부터 아버지의 역할을 인정받게 해줄 수 있는 솔루션이다. 자기계발은 경쟁과 승부가 끊임없는 조직에서 자신의 경쟁력을 높여주는 수단임과 동시에 가정의 수입을 중장기적으로 보장해 줄 수 있는 대들보다. 아울러 당사자 본인에게도 성취욕과 자아 발견을 깨우쳐주는 역할을 한다. 그러나 자기계발에 투자하는 시간과 비용 앞에 서면 실행을 망설이게 된다. 바로 이때 필요한 게 소신껏 밀어붙이는 추진력이다. 넉넉지 않은 살림에 시간과 비용이 본인에게 많이 들어갈수록 가족으로부터 원성을 살 거라는 고민이 큰 장애지만 밀어붙일 땐 과감해야 한다.

두 번째는 짜임새 있는 스케줄 관리다. 주중 시간에는 최대한 직장

Working Father

에 몰두하고 주말은 가족에게 몽땅 할애하든지, 아니면 주중에는 직장과 가정에 충실하고 주말에는 자기계발에 총력을 기울일지를 생각해야 한다. 몇 년 전, 주말을 토요일 오전 오후와 일요일 오전 오후 이렇게 넷으로 나누어 자기계발과 가족생활에 분할해 사용하자는 논리가 회자된 적이 있다. 사람마다 처한 상황과 경우가 다르므로 정답이 정해져 있는 건 아니다. 그러나 참고할 만하다.

늘 고된 노동 강도로 업무에 임하는 글로벌 CEO 가운데 주중에는 업무에 몰입하고 주말은 철저히 가족에게 올인하는 사람이 있다. 대표적으로 카를로스 곤 르노닛산 회장이다. 그는 글로벌 자동차업계의 거물이다. 평소 지독한 업무 추진력을 보유한 카리스마로 유명하다. 몇 년 전, 나는 프랑스 파리에 있는 르노 본사에 들러 카를로스 곤 회장을 직접 만날 기회가 있었다. 당시 카를로스 곤 회장의 담당 비서가 함께 배석했는데, 나이가 지긋하고 약간 펑퍼짐한 중년의 아줌마였다. 카를로스 곤 회장에게 "일본과 프랑스에 각각 닛산과 르노 본사가 따로 있는데 업무를 어떻게 처리하느냐?"고 물었다. 그때 곤 회장은 본인의 비서가 들고 있는 다이어리를 가리키며 앞으로 3년 이후 몇 날 몇 시에 어디에서 누구와 만날 것인지에 대한 스케줄까지 모두 확정되어 있다고 말할 만큼 업무 강도가 상상을 초월했다. 프랑스와 일본뿐 아니라 글로벌 경영자답게 미국, 중남미 등 세계 소비시장을 모두 챙겨야 한단다. 늘 비행기로 이동하면서 현장 경영을 펼치는 강도가 무척 세다는 인상을 받았다. 그렇다면 곤의 주말은 어떨까. 지금은 어떻게 생활이 바뀌었는지 잘 모르겠지만 골프는 안 친다고 한다. 그리고 주중에는 업무에 매진하는 대신 주말에는 철저히 가족과 함께 시간을 보낸다고 들려주었다.

닮고 싶은 글로벌 CEO 1순위에 해당하는 곤 회장의 사례처럼 자신의 업무 강도를 탓하기에 앞서 일과 가정에 대한 자신의 계획을 어떻게 세우고, 어떻게 실천하느냐가 중요하다.

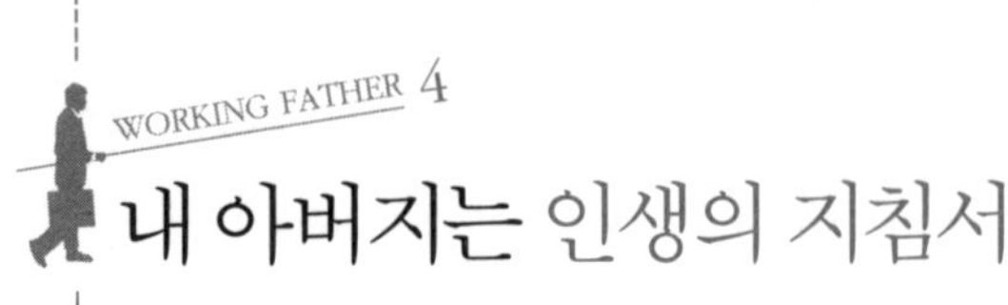

내 아버지는 인생의 지침서

불과 몇 년 전만 해도 감히 어느 누구도 예상하지 못한 일이 벌어졌다. 미국 최초의 흑인 대통령인 오바마 이야기다. 현재 오바마 신드롬이 세계를 강타하고 있는데, 그는 세계 역사에서 경이적인 한 페이지를 장식한 인물로 남게 될 것이 분명하다. 이처럼 성공적인 인물로 평가 받는 오바마에게 담대한 희망을 갖도록 영향을 준 미친 사람은 누구일까. 오바마를 지금의 자리까지 오게 한 성공 DNA 중 일부는 그의 아버지로부터 물려받았다.

44대 미국 대통령 당선자 버락 오바마는 1961년 하와이에서 태어났다. 그의 아버지는 케냐인으로 흑인이며, 미국인인 그의 어머니는 백인이다. 아버지가 케냐로 돌아간 뒤 소년 오바마는 아버지 없는 어린 시절을 보내면서 피부 색깔 때문에 친구들의 따돌림과 놀림 속에서 유년시절을 보냈다. 아버지가 자신을 버렸다는 생각에 원망도 들고 피부색에 대한 배타적 시선 때문에 정체성 고민이 많았다. 그러나 오바마의 어머니와 외조부모 등 주변 사람들의 관심과 배려에 힘입어 아픔을 극복할 수 있었다.

그의 어릴 적 환경은 썩 좋은 편이 아니다. 케냐에서 유학 온 아버지와 백인 어머니 사이에서 태어난 그는 두 살 때 부모의 이혼으로 외할머니 집에서 자라야 했다. 아버지가 얼마나 원망스러웠을까. 그의 아버지는 하와이 대학을 졸업하고 경제학 석사학위까지 받았다. 오바마가 아버지를 다시 만난 것은 열 살 때였다고 한다. 오바마는 지팡이를 짚고 있는 마른 체구의 흑인 남자로부터 정겨운 아버지 냄새를 맡았다. 그런 아버지와 함께 한 달간 지냈다. 비록 짧은 시간이었으나 바로 이 기간 동안 아버지는 오바마에게 독립을 위해 제국주의 국가들과 맞서 싸웠던 케냐인들의 이야기를 들려주었다고 한다. 어린 오바마의 가슴에 담대한 꿈을 품을 수 있는 이야기를 들려준 아버지는 돌연 교통사고로 세상을 떠났다. 원망의 대상이던 아버지, 그리고 갑작스런 죽음은 오바마에게 청천벽력 같은 소식이었고 케냐로 달려가 잠든 아버지 묘지 앞에 앉아 하루 종일 울었다. 알고 보니 그의 아버지는 원대한 꿈을 실현하기 위해 끈기와 집념으로 똘똘 뭉친 인물이었다. 그러나 종족 간 싸움으로 제대로 꿈을 펼쳐보지 못한 채 생을 마감했다. 이후 오바마는 아버지의 꿈을 이어 받아 미국 최초의 흑인 대통령이 되기로 마음을 먹는다.

아이들은 안정된 가정에서 자라는 게 가장 중요하다. 그런 측면에서 오바마의 성장 과정은 불우한 편이었다. 일각에서는 오바마의 성공 배경이 바로 불우한 환경을 극복하고 여러 국가를 돌아볼 수 있었던 데에서 다양성의 시각을 얻었다는 식으로 칭송한다. 그러나 요즘 우리 시대 부모들은 아이들이 정서적으로 불안한 것을 감수하면서까지 성공을 요구하지는 않는다.

그럼에도 오바마의 아버지는 아들에게 '아버지답다'는 모습을 깊이 각인해 주었다. 아들과 함께 안정적인 시간을 보내지는 못 했지만, 인생에 대해 진지할 것과 소신껏 살아가는 일의 중요성을 단기간에 일깨워주었다. 비록 짧은 시간이었지만 오바마에게는 그것이 평생 교육이 되었다.

당신의 자녀를 한번 살펴보라. 내가 무엇을 어떻게 효과적으로 전달해 줄 수 있는지 고민해 보라. 돈도 좋고 배경을 남겨주는 것도 물론 좋다. 하지만 더욱 중요한 것을 혹시 놓치고 있는 건 아닌지 잘 살펴보는 것도 필요하다. 아버지는 자녀들이 가장 가까운 곳에서 보고 배울 수 있는, 살아 있는 교과서다.

워런 버핏의 경제교육

워런 버핏에게는 '투자의 귀재', '오마하의 현인' 이라는 수식어가 동시에 붙는다. 가치투자의 달인으로 알려진 워런 버핏은 막대한 자산의 소유자로 그의 투자에 대한 일거수일투족이 세계인의 주목을 끈다. 2008년 하반기 미국 초대형 투자 금융사들이 쓰러지면서 주가가 폭락할 당시, '지금이야말로 막대한 주식투자와 투자 적기'라는 그의 말이 주가 폭락을 어느 정도 진정시켰다는 평가를 들을 정도로 그의 영향력은 대단하다. 버핏은 단순한 투자자라기보다 미국인을 포함해 세계인들이 존경하는 투자자라고 표현하는 게 적당할 것 같다. 그의 검소한 생활과 아낌없는 기부 및 가치에 기초한 투자원칙이 어느 누구에게서도 찾아보기 힘들 정도로 존경스러운 면을 갖추고 있기 때문일 것이다.

그는 재산의 85%에 달하는 자산을 자선 재단에 쾌척하기도 했다. 더구나 버핏은 3만 1,500달러에 매입한 집에서 30년 동안 검소하게 살아온 것으로도 유명하다. 자신이 회장으로 있는 투자회사 버크셔 헤서웨이로부터 받는 연봉은 10만 달러에 불과한 것으로 알려져 있다. 그러나 버핏이 막대한 투자 수익률을 기록하는 투자고수라는 점이 뒷받침되지 않았다면 이 같은 존경스러운 면이 지금처럼 크게 조명받지 못했을 것이다. 워런 버핏은 어떻게 '투자의 귀재'가 될 수 있었을까. 버핏이 지금의 투자 마인드를 갖출 수 있었던 건 그의 아버지의 영향이 컸다고 전해진다.

버핏은 증권회사 직원으로 일하던 아버지를 도왔는데, 주가를 기록하고 주가 패턴을 분석하는 일에 흥미를 보였다. 그의 아버지는 온갖 방법으로 아들의 경제 마인드를 지도했다. 버핏은 1930년 미국 네브래스카 주의 소도시 오마하에서 식료품 가게를 3대째 이어온 집안의 아들로 태어났다. 가업은 식료품 가게였지만 그의 아버지는 주식 중개인이었다. 다섯 살 때부터 부자가 꿈이었던 그는 껌을 팔기 시작했다. 이모가 만들어준 녹색 나무판에 색깔이 다른 다섯 가지 껌을 팔았다. 그 생애 첫 사업이었다. 일곱 살 때에는 투자에 관한 책을 읽기 시작했다. 크리스마스 때엔 투자서적을 선물로 받고 싶어 산타클로스에게 기도했다고 한다. 열 살 때에는 아버지의 손에 끌려 뉴욕증권거래소를 방문했다. 이렇듯 어린 시절부터 버핏의 마음속에는 백

만장자 꿈이 무럭무럭 자라고 있었다. 아버지는 버핏이 열한 살이 되자 시티스 서비스라는 석유회사의 주식을 살 것을 권했다. 이것이 버핏이 첫 주식을 투자한 때다. 38달러에 3주를 산 버핏은 이 주식이 27달러로 떨어지자 가슴 졸이다가 40달러 선을 회복하자마자 내다 팔았다. 그러나 이 주식은 얼마 뒤 200달러로 치솟았다. 그는 이 경험을 통해 가치투자와 인내의 개념을 깨달았다고 한다. 투자의 대가는 이렇게 아버지의 관심과 지도 아래 성장했다.

우리나라 아버지들은 자녀에게 재산을 넘겨주거나 사업을 물려주기 위해 경영학을 강조한다. 그러나 버핏의 아버지가 보여준 교육은 우리와 사뭇 다르다. 재산이나 사업보다는 경제교육에 더 신경 써야 한다. 경제 교육의 적임자는 아무래도 아버지가 적임이 아닐까 싶다. 경제활동이 많은 아버지들이 엄마보다는 경제적 관심도와 흐름에 익숙하기 때문이다. 주위를 둘러보면 우리는 아이들의 경제 교육에 상당히 무관심했다. 지금은 많이 달라졌지만 돈을 좋아하면 아이가 잘못 길들여졌다고 생각하는 분위기가 있었다. 불과 십수년 전의 일이다. 그래서였을까. 돈 버는 방법과 관리하는 방법, 돈을 사용하는 방법 등에 대한 교육에 관심도 없었고, 있다 하더라도 열악했다. 그러나 요즘에는 많은 금융기관과 각종 공공단체에서 바람직한 경제 교육을 실시하고 있다. 아이들에게 돈을 바람직하게 벌고 알차게 사용하는 방법을 교육시킨다는 것 자체만으로도 큰 의의가 있다.

버크셔 해서웨이 주주들은 매년 버핏을 만나기 위해 오마하로 몰려든다. 이를 빗대 버크셔 해서웨이 주총은 성지순례라고 불릴 정도다. 주주들만 찾는 게 아니다. 유력한 언론매체와 일반인들도 오마하를 찾는다. 사람들은 그의 투자비법보다는 세계 최고의 갑부답지 않게 검소하게 살아가는 모습과 허심탄회하게 사회에 공헌하는 그를 만나기 위하여 한자리에 모인다. 버크셔 해서웨이에는 아이들을 데리고 오는 아버지들도 꽤 많다. 자연스럽게 투자의 원칙과 세상 살아가는 법을 자녀들에게 알려주고 싶은 생각에서다. 따라서 버크셔해서웨이 주총은 살아 있는 교육의 장이라고 해도 과언이 아니다. 무절제한 소비생활이나 계획 없는 자산관리로 인생을 망치는 사람이 얼마나 많은가. 어릴 때부터 지도하는 올바른 경제 교육은 그들의 평생 자산이 된다.

21세기형 아빠, 프렌디

2009년을 바라보는 시각은 어둡다. 사는 형편이 나아지기는커녕 기본을 유지하는 일 자체가 성공이라 할 정도로 비관적이다. 이래저래 워킹파더들은 힘들 수밖에 없다. 우선 욕심과 기대치를 낮추어야 하겠다. 그리고 남 탓하는 데 익숙한 생각도 버려야 한다. 사실 우리는 지난 몇 년 동안 뭔가에 홀려 있었던 듯하다. 부동산 버블에 앞 다투어 동참했고, 주식과 펀드 전성시대 때에는 너도나도 투기에 열을 올렸다. 2007년 말부터 여러 곳에서 경고음이 울렸음에도 불구하고 재산을 더 늘리겠다는 욕심에 정신을 잃었다. 그러나 결국 모두 잃고서는 망연자실했다. 애꿎게 위기관리를 잘못했다고 정부를 탓하고, 펀드를 소개한 은행 탓하고, 집 사라고 부추긴 공인중개사를 탓하는 모습이 우리 모습이다. 표현이 좀 과격할 수도 있겠으나 자신 안에 있는 냄비근성을 인정하는 것이 위기를 극복하는 데 도움이 될 거라 믿는다. 실물경제 위축은 사람들의 심리적 공황을 불러일으킬 수 있으며 급기야 가정이 무너지는 일이 도처에서 벌어질 수도 있다.

그럼에도 불구하고 우리는 희망의 끈을 놓지 말아야 한다. 무엇보다 그 같은 희망을 가정 안에서 찾는 노력이 중요하다고 본다. 얼마 전부터 유럽에서는 '프렌디(friend와 daddy의 합성어)', 즉 친구 같은 아빠가 유행처럼 번지고 있다. 그간 돈과 성공만을 위해 내달려온 가장들은 세계적인 경제위기와 불황 앞에 놓이게 되자, '가족이 곧 행복'이라는 평범한 진리를 깨닫게 되었다. 힘들수록 가정에 충실하자는 생각은 주목할 만하다. 국내 유력한 모 일간지에서는 '2009년 새해에는 무엇을 이루고 싶습니까?' 라는 기사를 통해 '부자 되기' 보다 '화목한 가정'을 더 희망하는 사람들이 많아졌음을 보도했다. 사실 아이들 앞에서 무게나 잡고 있다면 의사소통이 될 리 만무하다. 더구나 일 때문에 피곤하다며 잠이나 늘어지게 잔다면 결코 좋은 남편, 아빠가 될 수 없다. 당연히 행복한 가정도 멀어진다.

돈 많이 벌어 잘 나가는 아빠보다 아이들과 친구처럼 재미나게 놀아주는 아빠로 사는 것이 더욱 가치 있고 행복한 일이다. 아직 우리나라에서는 이 같은 인식이 자리 잡고 있지 못한 듯하지만, 일부 선진국에서는 정책적으로 아버지들을 후원해 준다. 이를 테면 아버지에게도 장기간의 출산 휴가를 제공하여 자녀양육에 관여할 수 있도록 보장한다. 이는 심각한 저출산율과 이혼율을 낮추는 데 큰 효과가 있는 것으로 알려져 있다. 우리보다 보수적인 일본에서도 남성들을 위한 육아잡지가 여러 개 나오고 있다고 한다.

　사실 우리 사회에서는 자녀를 양육하는 일 대부분을 여성에게 맡겨왔다. 정부의 정책도 부족한 형편이고, 아버지들이 갖고 있는 인식 자체도 턱없이 부족하다. 그러나 이제 옛 생각과 제도를 과감히 바꿔야 할 것이며 그 중심에 아버지가 곧게 서야 한다. 부성에 대한 새로운 모델 '프렌디'는 말도 안 되는 권위나 내세우고 무게만 잡고 있는 아버지상이 아닌, 친구처럼 편하고 거리가 없는 아버지상이다. '집안이 편해야 모든 일이 잘 풀린다'는 말의 참 의미는 '행복'과 맞닿아 있다고 본다. 집안이 엉망인 사람치고 바깥일에 충실한 사람 거의 못 봤다. 달리 말하면 가정이 우선 화목하고 행복해야 만사 잘 풀릴 수 있다는 얘기다. 싫든 좋든 간에 고단한 21세를 살아가야 할 워킹파더들이라면 생각의 변화를 통해 프렌디가 되어야 한다. 이는 주춤해진 희망의 불씨를 되살리는 길이 될 수도, 무너진 아버지상의 새로운 이정표가 될 수도, 무엇보다 누구나 바라는 행복으로 가는 지름길이 될 수도 있다.

- 브라보 마이라이프를 추구하라. 더 나이 들기 전에 당신이 아직 간직하고 있는 꿈을 펼쳐보라. 주위의 반대나 곱지 않은 시선보다 중요한 건 당신의 꿈과 열정이다.

- 소신 있는 자녀 교육 철학을 가져라. 절약하면 부자가 될 수 있고, 전문성을 겸비함으로써 졸부가 되는 것을 경계하도록 지도하라. 그리고 부에 대한 세습의 비판에서 자유로울 수 있는 부자 가치관을 가져라.

- 직장이 우선일까, 가정이 우선일까? 하는 이분법적 사고에서 벗어나라. 그리고 짜임새 있는 시간 관리로 새어나가는 시간의 누수를 막아라. 그러고 난 후 자신의 계획을 밀어붙일 수 있는 실천을 발휘하라.

- 자녀에게 성공 DNA를 물려주고 마음속에 담대한 꿈을 품을 수 있도록 지도하라. 어떤 순간이든 '과연 아버지답다' 라는 말을 들을 수 있도록 자신을 되돌아 보는 것도 중요하다.

- 건전한 경제관으로 무장하라. 무절제한 소비생활이나 계획 없는 자산관리로 인생을 망친 사람들을 타산지석으로 삼아라.

- 21세기형 아빠, 프렌디가 돼라. 권위적인 아버지가 아닌 친구 같은 아버지가 되어 무너진 희망을 되찾는 기회의 발판으로 삼아라.